Lágrimas de cristal

Natalia Martín García

Título: *Lágrimas de cristal*
Autor: © Natalia Martín García

I.S.B.N.:978-84-8454-904-8
Depósito legal: A-3-2010

Edita: Editorial Club Universitario
Web: www.ecu.fm

Printed in Spain
Imprime: Imprenta Gamma Telf.: 965 67 19 87
C/ Cottolengo, 25 -San Vicente (Alicante)
E-mail: gamma@gamma.fm
Web: www.gamma.fm

El amor no prospera en corazones que se amedrentan de las sombras.
William Shakespeare

Agradecimientos

Cristian Chavero García, gracias por ayudarme en todo momento, sin ti esto jamás lo habría conseguido. Tú eres, primordialmente, parte de mi inspiración.

Mamá y papá, habéis hecho mi sueño realidad. Jamás olvidaré todo lo que hacéis por mí.

Javi Martínez Jiménez y Laura García Fernández, vosotros fuisteis de los primeros en leer el borrador de mi obra, os agradezco de corazón el no dejarme nunca sola. Mil gracias.

Iván Valero Monío y Anka Izdraila, vosotros sois también parte de mi inspiración. Os merecéis un hueco en esta obra. Gracias.

Mi familia, aquella que ha estado conmigo desde siempre. Os quiero y así será siempre.

Christian Monzón Díaz, Álvaro Urbanos, mis compañeros de la academia (Laura B., Alejandra, Rubén, etc.), compañeros de clase (Samanta, Marta G., Carmen, Alba, etc.), amigos especiales (Isabel, Paloma, Pablo, Cristina, Lau, Elena, etc.) y mis amigos del *Tuenti* (Laura, Alejandro, Laura M., Anabel, María... y muchos más), gracias por vuestros ánimos, sé que si lucháis por todo lo que os importa, conseguiréis que vuestros sueños se hagan realidad.

Por último quisiera dar gracias a la editorial, por haberme dado esta oprtunidad de hacer que mi libro dejase de ser un simple borrador a pasar a ser un libro al alcance de todos los lectores y amantes de la fantasía. Gracias.

Natalia

PRÓLOGO

Mi vida comenzó a cambiar bruscamente, primero mi novio y yo dejamos nuestra relación por una equivocación, seguidamente mis mejores amigos me dejaron por otras personas y mis padres habían tenido un accidente de coche en el cual mi padre falleció al instante.

Una noche de verano, estaba leyendo en mi habitación comida por mi mente y recordando momentos que el libro aquel me hacía recordar. Siempre me han apasionado los libros relacionados con la fantasía, cosa que hoy en día estaba demostrado que no existía. Pero eso no me importaba mucho, yo con tal de poder estar un tiempo lejos de este mundo, aunque estuviese en un mundo inexistente, me hacía sonreír.

—Toc, toc.

—¿Sí?

—Luna hija, ¿puedo hablar contigo un momento? —dijo una voz muy débilmente.

—Sí, pasa.

—Mira, ya sabes que estoy muy liada con los viajes de trabajo y eso —mi madre se pensaba que yo era una cría de 8 años, por eso antes de decirme lo que quería daba miles de rodeos para que lo entendiese bien y que no pareciese muy duro lo que quería decir—. Bueno, pues por esa razón, cariño, debes entender que ahora tengas que irte con tus tíos, ya que papá ahora está en el cielo y no puede ocuparse de ti mientras yo no estoy aquí.

—Mamá, tengo 16 años, no me andes con tonterías, si me tengo que ir con ellos me iré, no puedo hacer otra cosa y, por favor, no menciones a papá si solo le vas a mencionar para decir cosas estúpidas.

—Vale, Luna... Bueno, pues ya está todo dicho entonces...

—Mamá, tengo que irme dentro de poco, ¿no es así? —pregunté para romper el silencio incómodo porque yo ya sabía claramente su respuesta.

—Sí, el sábado.

—Está bien... —susurré cerrando la puerta con un suave movimiento.

Las horas pasaban y yo seguía sumisa en mis libros, ignoraba el problema de tener que irme, la verdad, lo estaba deseando, porque estar en esa casa eran recuerdos tras recuerdos y no era muy agradable, quizás empezar otra vida sería lo más conveniente, por lo menos para poder olvidar todo lo sucedido.

Nadie sabía qué ocurriría en un futuro pero... ¿qué cosas peores me podrían pasar?

CAMBIOS

—Luna, despierta.

—¿Hum?

—Han venido a buscarte, date prisa y vístete.

—Oh... vale.

Me levanté de la cama lentamente pensando en todos mis movimientos, no sé por qué estaba reaccionando así pero bueno, no podía pararme a pensar en eso también. Me vestí con unos vaqueros rotos y una camiseta gris que conseguí en un cross. Bajé deprisa las escaleras, abajo me aguardaban mis tíos y mi madre.

—Hola, Luna —saludaron educadamente.

—Hum... Hola —contesté creo que por educación.

—¿Ya tienes todo listo?

—Sí.

—Vale, pues entonces danos las cosas que las llevaremos al coche. Mientras, despídete de tu madre.

—Lo que tú digas... —vacilé.

No me llevaba muy bien con mis tíos pero no tenía otro remedio, eran mis padrinos y mi madre tenía que estar lejos de la ciudad, bueno, lejos del país un tiempo, no podía quejarme, hubiese preferido quedarme con algún hermano de mi padre pero desgraciadamente él era hijo único.

—Luna, cuídate.

—Lo mismo digo.

—Hija, ¿hasta cuándo me vas a seguir guardando rencor? —preguntó mi madre rápidamente, parecía que se había planeado la situación y lo tenía todo controlado para poder preguntar aquello y obtener una respuesta coherente.

—No sé.

—¿Por qué me lo pones tan difícil, hija? Yo solo quiero lo mejor para ti y, después de lo de tu padre, tú has empezado a ignorarme, a tratarme de todas formas menos como a tu madre, ¿por qué? —preguntó sollozando.

—Las heridas las cura el tiempo, así que ten paciencia.

—Deseo y esperaré a que cuando regreses puedas perdonarme —dijo suspirando fuertemente.

—Bueno, me tengo que ir, mamá, ya hablaremos —dije cambiando de tema, ya que no quería hablar de eso.

—Te llamaré siempre que pueda, Luna. Cuídate, te quiero —me agarró y me besó en la frente.

Yo entristecí y me quité el disfraz de dura.

—Yo... yo también te quiero, mamá... quizás... el rencor no es la mejor salida —le dije con una pequeña sonrisa de la cual mi madre se extrañó ya que llevaba meses sin sonreír.

La abracé y cogí mi bolso negro del perchero que había al lado de la puerta y me fui cerrando, como siempre, levemente la puerta tras de mí.

—Ya está todo, Luna, monta en el coche y nos vamos —dijo mi tío con aquella voz áspera producida por el tabaco.

Pasaron las horas desde la capital, que es donde yo residía junto a mi madre, hasta otro pueblo, donde vivían mis tíos más odiosos.

Fue un cambiazo, en mi ciudad casi siempre hacía calor, una temperatura que agradaba a casi todos, en cambio, al llegar al pueblo todo estaba nublado y hacía más frío. Yo no estaba muy preocupada pero creo que tendría algunos problemas con la vestimenta, toda mi maleta llevaba ropa de verano.

—Ya hemos llegado —dijo mi tía felizmente—. Ven conmigo y te enseñaré tu habitación —yo asentí.

Me condujo hasta la planta más alta de la casa, un tercer piso sin contar el bajo ni el sótano.

—La puerta de la izquierda es la puerta de tu cuarto, deja tus maletas allí que luego JJJanette se encargará de colocarlo todo.

JJJanette era la criada de mis tíos, una mujer mayor cuya edad pasaba de los 50 y pico. Era su asistenta desde que compraron aquella mansión. La asistenta era de estatura baja, recogía su largo y canoso cabello en un moño a la altura de la nuca.

—Tía, ya dejé mis cosas en mi habitación, ¿quieres que haga algo? —pregunté por ser otra vez educada.

—No hagas nada, para eso pago a JJJanette, vete a dar una vuelta si quieres, estate aquí para la hora de la cena.

—Está bien.

—Por cierto, Luna, tienes carné de moto ¿verdad? —preguntó mi tía un tanto indecisa.

—Sí, ¿por qué lo pregunta?

—Hay una moto en el garaje, no la usa nadie, si consigues arrancarla es tuya. Las llaves están en el armario de la entrada.

—Gracias —fue lo único que se me ocurría decir.

Bajé las 3 plantas para llegar al hall, allí estaba aquel armario brillante, barnizado, con una madera fuerte pero elegante. Abrí el armario y allí estaban, tiradas en el fondo de aquel lujoso armario, las cogí y salí por la puerta para llegar al garaje.

Nada más entrar en el garaje mis ojos se pusieron como platos al ver un porche negro y brillante y el mercedes clase A de color plata en el cual vinimos mis tíos y yo desde mi casa. La moto al lado de esos coches parecía del desguace. Intenté varias veces arrancarla pero no tuve suerte, entonces de un ataque de nervios por no poder arrancar la dichosa moto le di una patada y, como por arte de magia, la moto, arrancó.

—Vaya... —murmuré.

Salí por la puerta de la mansión a poca velocidad, me había puesto un casco blanco un tanto viejo pero fue lo único que encontré, no quería que mis tíos me quitasen ese objeto que me permitiría moverme con más rapidez, por eso respetaba todo, la velocidad, el casco, etc. Al salir, fui derecha hacia el mar, hacía cuatro años que no visitaba el mar, así que tenía muchas ganas de pasar por ahí y darme un chapuzón a la luz del dulce crepúsculo.

—Esto es precioso...

Me quité las *converse* negras, aunque era raro en mí ya que dormía muchas veces con ellas puestas, y me zambullí en aquel mar rojizo teñido por el atardecer. Nadé mar adentro, quería llegar a las boyas, pero había un oleaje fuerte y eso me impedía llegar hasta ellas, así que me di media vuelta. Llegué a la orilla y me tumbé a mirar el cielo, hacía un poco de frío pero eso no me importaba, la verdad, pensé por un instante, que aquel momento había sido el mejor desde hacía muchos meses, desde que todo me empezó a ir de mal en peor.

—Ya va siendo hora de que me vaya a casa, si no mi tía creerá que soy una impresentable —pensé en alto, ya que no había nadie que me escuchase.

Cogí mi moto escacharrada y me fui directa a casa de mis tíos, mientras conducía hasta allí vi una librería, así que me prometí que mañana sin falta me dejaría caer por allí.

Al llegar a casa de mis tíos corrí hacia mi habitación y me cambié de ropa, la que usé para bañarme en el mar la tendí en el tendedero de detrás de la casa, luego me fui directa a cenar.

LA LIBRERÍA

Cuando terminé de cenar fui a recoger mi plato de la mesa pero mi tía me recordó que pagaba a Janette para hacer ese trabajo. Entonces lo dejé donde me lo encontré, puesto en la mesa, y me dirigí a mi cuarto del tercer piso. Entonces sonó el teléfono.

—¿Charlote? Soy Estrella, ¿qué tal os ha ido el viaje?

—Hola, hermana, pues nos ha ido bien, no te preocupes por eso, tu hija está aquí, ¿quieres hablar con ella?

—Sí, por favor.

Mi tía me llamó y me dijo que mi madre estaba al otro lado del teléfono así que me fui a mi habitación y cogí el teléfono allí.

—Tía, puedes colgar, ya he cogido el teléfono —grité para que Charlote me escuchase, ella se encontraba tres pisos más abajo.

—Hola, mamá.

—Hola, hija, ¿qué tal estás?, ¿todo bien? —preguntó nerviosa.

—Sí, todo bien, no te preocupes, mamá, ¿sabes? Los tíos me han dado una moto, ¿a que es genial?

—Sí, hija, pero por favor ten cuidado, sé que lo tendrás pero... mira lo que nos pasó a tu padre y a mí... puedes tener suerte como yo o acabar como tu padre... —dijo apenada la voz de mi madre.

—Mamá, no te lamentes más, no me pasará eso, tendré cuidado, lo único que necesito es tener cuidado, así que no te preocupes por mí —pero mi madre me cortó.

—Está bien. Oye, Luna, ¿tendrás casco, verdad? Porque si no ya estás comprando uno, no vayas sin casco por ahí, es muy peligroso —ahora la corté yo a ella.

—Mamá, sí tengo casco, estaba con la moto, no te preocupes, el casco es viejo, pero si me doy un golpe resistirá.

—Está bien, Luna, pero no bromees con eso, es muy serio.

—Sí, mamá, bueno, me voy a dormir, estoy cansada del viaje y eso, ya hablaremos. Te... te quiero mamá —al decir esas últimas palabras creo que mi madre vio que a pesar de todo, la quería y la echaba de menos.

—Yo también te quiero, hija, ya te llamaré cuando esté en Japón, sale el avión mañana, cuando llegue y me instale ten por seguro que te llamaré.

—De acuerdo, mamá. Buenas noches y buen viaje.

—Hasta mañana —susurró y acto seguido colgó.

Me tumbé en la cama y saqué mi libro, ya me quedaban veintisiete páginas para acabarlo así que, por eso, mañana tenía que ir a comprar otro. Necesitaba desconectar en todo momento y ya os dije que los libros de fantasía eran los únicos que me hacían olvidarme de la realidad...

Yo no era de madrugar mucho pero aquella mañana a las 8 y media me levanté y me puse una camiseta nueva, ya que la del día anterior estaba un tanto sucia. Yo seguía con las mismas zapatillas y me puse unos pantalones de pitillo de color negro.

—Bueno días, Janette, ¿te ayudo a preparar el desayuno? —dije amablemente, y esta vez no era por ser precisamente amable, sino porque quería ayudarla.

—No, gracias pequeña, el desayuno está servido en la mesa —me indicó el comedor y allí estaba una gran mesa con un desayuno que parecía la comida de Navidad, al igual que la cena del día anterior, era todo muy exagerado, pero claro, mi tío Puke comía mucho y ese desayuno le cabía en una muela.

Cogí una tostada con mermelada de fresa y me la tomé con un zumo de arándanos que había preparado Janette esa misma mañana.

—Me voy a dar una vuelta, si pregunta mi tía he ido a la librería y después me pasaré por la playa —le dejé el recado a la criada y me fui con mi vieja moto.

Aparqué mi moto en la entrada de la librería, en la zona que había especial para las motos y las bicicletas. Me guardé las llaves en el bolsillo trasero del pantalón y entré. Todo parecía viejo, daba la impresión de que por allí iba muy poca gente, entonces no tenían recaudos para reformar aquello, la verdad, era una lástima.

—Buenos días —me dijo el único dependiente que había allí. Era de la edad de Janette, pero este no estaba cano, sino con un pelo rubio y brillante—. ¿Puedo ayudarla en algo?

—Hem... hola, buenos días, señor, pues la verdad, quería mirar unos libros...

El hombre me cortó.

—Libros de fantasía, ¿verdad, niña?

—Pues sí, ¿cómo... cómo lo ha sabido? —pregunté atónita.

—Lo dice tu rostro.

—¿Mi rostro? —mi boca se abrió sin saber qué decir y mi ceja se arqueó.

—Están en aquel pasillo —me señaló en dirección opuesta a la puerta por la que entré y me dirigí hasta donde aquel señor me indicó.

Y allí estaban, todos los libros, montones de libros de fantasía, yo estaba aturdida, no sabía a cuál de todos atender hasta que de repente caí de culo al suelo.

—¡Ay! Arg, qué daño...

—¡Ups! Lo siento, déjame que te ayude —dijo una voz que no conocía.

—Déjame, puedo sola —contesté de una forma un tanto borde, pero fue a causa del golpe que me di.

—Vale, solo quería ayudarte.

Alcé la mirada y observé que ante mí había una figura esbelta y de estatura alta. Aquel chico —pensé— no era verdad, porque era tan... perfecto, que ni en el sueño de cualquier chica se podría encontrar. El joven tendría entre 17 y 19 años. Tenía un pelo castaño brillante. Cuando hablaba movía la cabeza hacia un lado de un modo sinuoso y provocativo ya que el flequillo le impedía mostrar su rostro entero. Sus ojos eran marrones claro, tan claros que parecían la pura miel.

Me levanté después de observar durante unos segundos al joven, aunque esos segundos se me hicieron minutos...

—Tienes carácter ¿eh? —rio—. Mi nombre es Leo, Leo Wishper.

—Sí, tengo mucho carácter y como seas muy pesado puedo ser peor —contesté malhumorada. No sé por qué contesté así, si en realidad estaba deseando llevarme bien con él.

—Está bien, tú podrás ser peor pero... en esta ciudad hay cosas que dan más miedo que tú —dijo el chico burlonamente.

—¿Qué insinúas? —mascullé.

—Nada —rio—. Bueno, todavía no me has dicho cómo te llamas.

—¿Acaso eso importa?

—Si quieres venir mucho por aquí, sí.

—Está bien... me llamo Luna, Luna Black.

—Bonito nombre, como tú —alabó.

—Bueno, encantada de conocerte pero yo tengo prisa así que ya nos veremos en otro momento.

—Nos veremos más de lo que te imaginas.

Aparté la mirada como si no me importase en absoluto aquel joven y pensé "Eso espero".

Cuando seguí hacia delante para mirar libros miré de reojo al lugar donde Leo y yo chocamos y hablamos pero... él ya no estaba ahí.

Me encogí de hombros y continué mi camino. Encontré varios libros pero solo tenía dinero para uno, así que me decidí y cogí el más grande de todos, el que trataba de brujas y vampiros.

—Me llevo éste.

—Eres nueva aquí, ¿verdad? —preguntó el dependiente.

—Así es, vivo en el centro del pueblo, con los Lewis.

—Pues qué raro ver a alguien de su clase por aquí —dijo despreciando a mis tíos.

—Estoy con ellos porque mi madre tenía que irse a un viaje de negocios y no podía ir con ella, no había nadie que me pudiese cuidar en su ausencia ya que mi padre falleció hace unos meses.

—Lo siento mucho, de verdad, pero, son familia tuya, ¿no?

—Así es, son mis tíos, Charlote Lewis es la hermana mayor de mi madre, Estrella Lewis.

—¿Son muy poco sociables, no es así? —preguntó curioso.

—No te equivocas... a mí no me caen muy bien, son muy suyos pero, qué se le va a hacer, son mis tíos y mis padrinos.

—Se nota que no eres como ellos —sonrió—. Este libro te lo regalo yo, pequeña, parece que tú y yo nos vamos a ver mucho por aquí, dame tu nombre y con esta tarjeta puedes entrar cuando quieras y no tendrás que pagar nada.

—¿No pagar nada? —pregunté—. Entonces, ¿cómo va a ganar dinero usted?

—No necesito el dinero —sonrió.

—Bueno, usted verá, pero yo no tengo problema en pagar nada, eso que quede claro. En fin, mi nombre es Luna, Luna Black.

—Vale, aquí tienes tu pase señorita... Black —al dependiente le costó mucho pronunciar el apellido, pero no le di importancia—. Señorita Black, no me llame de usted, mi nombre es Larry, así que llámeme así.

—Está bien, Larry. Gracias por todo, es muy amable, hasta la próxima —me despedí.

Monté en la moto y guardé el libro en mi bolso, cogí las llaves de mi moto y me puse en marcha para ir a la playa. A esas horas no tendría que haber mucha gente. No me gustaba estar rodeada de personas fisgonas, siempre cotorreando sobre lo ajeno y demás, prefería estar... sola.

—El mar... —respiré hondo y aparqué bien la moto. Me quité mis zapatillas y las colgué del manillar, los calcetines los metí dentro de éstas y salí corriendo hacia la orilla.

Me detuve frente a las olas que rompen en la orilla y me quité la ropa, esta vez iba preparada, con mi bikini morado, el que me regaló el año pasado mi padre por mi cumpleaños. Me recogí mi pelo cobrizo en una coleta alta. Mi pelo era muy liso y suave y me llegaba por los hombros. Mi pelo era como el de mi madre y el de mi tía. En cambio, mis ojos no eran ni los de mi madre, verdes esmeralda, o los de mi padre, negros como el tizón, los míos era grises, pálidos, siempre guardaban misterios, o eso decía la gente.

—Vamos allá —me dije para mis adentros cogiendo fuerzas para meterme en esas aguas frías y violentas, pero a su vez, muy agradables.

—Qué valiente eres, chica.

Me di la vuelta para ver si afortunadamente no se trataba de mí pero pude comprobar que la mala suerte me acompañaba de nuevo.

—¿Qué quieres? —le dije al chico cuadrado que había al lado de mi moto.

—Nada, solo he hecho un comentario —vaciló.

—Pues entonces déjame en paz.

—Oh, qué chulita eres, guapa.

Hice oídos sordos y fui a por mi toalla para taparme, no me gustaba exhibirme.

—No te tapes, que así estás muy bien.

—Haré lo que me dé la gana —dije con el ceño fruncido.

—Vaya moto más “moderna” tienes —rio a carcajadas.

—¿Qué es lo que no entiendes de D-É-J-A-M-E E-N P-A-Z?

Me acerqué a él bruscamente y le empujé con toda mi rabia, que no era mucha en ese momento pero al menos pude moverle porque pensé que sería incapaz. Rápidamente el chico agarró mi brazo y tiró de mí hacia él, choqué contra su duro pecho, de forma impactante, de hecho me hice daño.

—¡Suéltame!

—Jaja, ¿qué harás si no quiero?

—Pues te las verás conmigo —dijo una voz conocida para mis oídos.

—Leo… —dije al fin.

—Vaya, vaya, mira quien está aquí, el chico misterioso

—Suéltala, Rex —ordenó.

Rex me empujó contra el suelo y caí de rodillas frenándome con mis brazos contra la arena fina de la playa.

—¿Quieres pelea? Que sepas que te tengo ganas desde que llegaste.

—No quiero pelea, Rex, solo te he pedido que la sueltes.

—Vaya, entonces, ¿esta niñita es tu novia? La verdad es que tienes buen gusto.

Yo suspiré y dediqué mi mirada al suelo ya que si les seguía mirando me pondría colorada ante esa objeción.

—Vete.

—De acuerdo, me iré pero que sepáis que la próxima vez no me rendiré tan fácilmente, yo siempre consigo lo que me propongo —me miró de una forma pícara y malévola que me hizo temblar.

—Gracias, Leo —dije.

—No hay de qué, para eso están los amigos ¿no? —sonrió.

AMISTADES EXTRAÑAS

—Bueno, creo que te quedaste en que te ibas a dar un baño.

—Em... sí, pero bueno, creo que lo puedo dejar para otro momento.

—De eso nada, tú vas al agua ahora mismo —al terminar de decir eso, Leo me cogió como suelen coger los novios recién casados a sus esposas y me llevó al agua.

—¡Leo, por favor, déjame, puedo yo sola!

—Ya lo sé, pero es que así hay más emoción, jaja —rio.

—¡Déjame, por favor, como me tires al agua te enteras!

—Una, dos y... ¡tres!

Caí en las aguas, me desconcerté un poco porque una ola me arrolló. Salí a la superficie en busca de oxígeno...

—¡Ah! —respiré.

—¿Qué tal está el agua?

—De esta te acuerdas, Leo —amenacé.

—Lo que tú digas —rio.

Me puse a nadar mar adentro, el día anterior no pude llegar a las boyas, así que hoy lo tendría que hacer. Me daba igual que hubiese un chico guapísimo vigilándome, bueno, me podía sentir segura, pero no necesitaba su protección, el agua es lo que más me ha gustado siempre, otra de las razones que hacían que mi vida hubiese ido de mal en peor fue esa, yo desde los cinco años iba a natación, me encantaba nadar. Cuando mi padre murió tuve que dejarlo y eso me hizo sentir más miserable, ya no podría triunfar jamás en algo que amaba de verdad.

—Luna, ¿dónde vas? El mar no es muy seguro, son aguas muy turbulentas, vuelve aquí haz el favor.

—Leo, puedo valerme por mí sola, gracias por ayudarme antes y todo eso pero podía yo sola y ahora lo tengo todo controlado.

—Lo que tú digas, pero me quedaré más a gusto si vuelves a la orilla.

Cada vez me alejaba más y me costaba entenderle.

—No pasa nada —aseguré.

—Me da igual si pasa algo o no pero ven a la orilla de una vez.

—¡No, no y no!

—¡No me hagas ir a por ti! —amenazó.

Le ignoré.

—¡Luna! —gritaba. Pero yo seguía ignorándole, no iba a dejar que un guaperas me estropease esas ganas tremendas que tenía de nadar hacia lo siniestro del mar.

—¡LUNA! Yo te he ayudado con Rex y te he hecho un favor, así que, hazme tú a mí otro, haz lo que te pido —suplicó.

—¿Por qué te da tanto miedo? Qué pasa, ¿tienes un trauma infantil?

—¡LUNA!

—¡Está bien! ¡Déjame ya en paz! ¡Te haré ese favor solo para no oírte más!

—Gracias... —susurró.

Me di media vuelta, otra vez. Llegué a la orilla y Leo dio un paso como si quisiera abrazarme. Yo me dejé llevar y di otro paso al frente, estábamos solo a un palmo de distancia. Leo me cogió por las mejillas con sus palmas de la mano, suaves como la seda y acercó mi cara contra la suya. De repente, sin previo aviso...

—¿Eh? —balbuceó Leo.

—Eso por no haberme dejado ir mar adentro, te he dicho que te enterarías —vacilé.

Lo que hice fue no dejarme llevar por sus encantos ni mi ser, sino que aparté la cara cuando él quiso besarme, soy muy rencorosa, lo sé, pero debía fastidiarle con algo por lo que me había hecho. Me arrepentí de no haberle besado, pero no quería saber nada de esos líos, por lo menos, durante un tiempo.

—Eres muy rencorosa —sonrió—. Pero me caes genial.

—Oye, Leo, ¿a qué venía eso?

—¿El qué?

—Lo del beso.

—No sé, pensé que querrías besar a alguien tan perfecto como yo.

—¡Egocéntrico!

—Jaja, venga ya, me dirás que no lo deseabas, solo que me has guardado rencor y no lo has hecho, pero se ve que te morías por ello.

Me sonrojé.

—¡Ni hablar! ¡No flipes, guapo!

—¿Has visto? Me has llamado guapo.

—¡Arg! —gruñí.

—Ven, Luna, voy a presentarte a gente, no quiero que te vuelvas una antisociable.

—Vale —asentí. Quería conocer gente, sí, pero así también olvidábamos lo sucedido.

Nos acercamos a mi moto, me vestí y nos pusimos en marcha hasta el muelle. Mi moto se quedó allí aparcada, total, nadie querría una vieja moto como vehículo en este pueblo.

—Leo, ¿les caeré bien? —pregunté insegura.

—Claro que sí, ellos son como nosotros.

—¿Como nosotros?

—Sí, como nosotros.

—No te entiendo.

Pero al decir eso Leo alzó la mano y saludó a tres personas que había al pie del muelle.

—Hola, chicos, esta es Luna Black.

—Hola, Luna, encantada —dijo una chica de pelo corto, castaño y de ojos claros, azules como el cielo.

—Buenas —pude decir al fin.

—Ellos son Libra Spencer, Virgo McDowell y Venus Coil.

La chica que me saludó era Libra. La otra chica, Venus, tenía unos ojos verdes que eran iguales que los de mi madre, su pelo era largo por la cintura, ondulado y rubio.

El restante, era un chico, de la estatura de Leo, su pelo era corto y de color negro al igual que sus ojos.

—Bienvenida, Luna, es un placer conocerte —habló Virgo en nombre de todos.

—Leo nos ha hablado mucho de ti, estábamos deseando tu llegada.

—¿Mi llegada? Leo y yo nos conocimos ayer, no ha podido hablaros mucho de mí.

—Bueno, las presentaciones ya están hechas, vayámonos a tomar algo por ahí —sugirió Leo.

—Yo lo siento mucho pero creo que ya va siendo hora de que vaya a casa, mi tía me estará echando en falta, nos veremos en otro momento, ¿vale? Encantada, chicos.

—¿Dónde vives, Luna? Si quieres podemos acompañarte —me dijo Libra.

—Vivo en el centro, tengo la moto allí aparcada —y señalé en su dirección—. Así que no os preocupéis por mí.

—Vaya, en el centro viven todos los ricachones... —comentó Venus.

Enmudecí. No quería decir con quién estaba alojada pero a mí la mala suerte me perseguía.

—¿Eres hija de alguien? Porque no he oído nada de que haya venido una familia nueva y menos al centro —decía Virgo por si obtenía alguna respuesta.

—Estoy aquí con mis tíos, he venido aquí un tiempo.

—¿Quiénes son tus tíos? —preguntaron.

—Los... Lewis —agazapé la cabeza para no ver su reacción.

—Vaya... Quién lo diría... en fin, que entonces ya nos veremos —me sonrieron y me despidieron con la mano. Leo me acompañó hasta la moto por más que insistí en que no viniese conmigo.

—Nosotros estamos siempre por aquí, ven cuando quieras, Luna.

—Vale, gracias por todo, Leo. Siento haber sido tan rencorosa contigo.

—No pasa nada, es tu forma de ser, ya cambiarás, no creo que estés "mordiendo" siempre. Adiós, Luna.

Me puse el casco y me fui, todo el camino estuve pensando en aquel momento que dejé escapar, "¡podría haberle besado!", pensé.

Llegué a casa de mis tíos, aparqué la moto intentando no hacer ruido y entré en casa.

—Ya estoy aquí.

—Llegas justo para comer, Luna. Me dijo Janette que habías ido a la librería y después a la playa, ¿es así?

—Sí, tía. He ido a comprar un libro que al final me ha regalado el dependiente y en la playa he conocido a gente, gente agradable —aunque uno de ellos no tanto.

—Vale, la próxima vez avísanos por la noche, pero bueno, me alegro de que te lo hayas pasado bien.

—¿Cómo se llaman a los que has conocido? —preguntó mi tío que estaba tumbado en el sofá, fumando, bebiendo y viendo un partido de fútbol americano.

—Pues son Leo Wishper, Libra Spencer, Virgo McDowell y Venus Coil.

—Am... No son de nuestra clase, pero bueno, júntate con quien quieras.

—Ah, también he conocido a un chico muy repelente, no sé su apellido pero creo que su nombre era Rex.

—Rex Shark, vive dos casas más atrás que nosotros, sus padres son amigos nuestros.

—Ups —pensé—. Hombre, me ha parecido un poco repelente, pero eso no quiere decir que lo sea —intenté cubrirme para no tener problemas ya que éstos venían a mí muy fácilmente.

—Pues es buena persona, un día les invitaremos, la última vez fuimos nosotros a su casa, esta vez que vengan ellos aquí, ¿qué te parece, querida?

—Por mí estupendo.

—Puag —dije en voz muy baja—. Bueno me voy a duchar, cuando esté la comida lista bajaré.

Corrí escaleras arriba, al llegar a mi cuarto me agarré a la puerta y descansé, después me cogí ropa y muda limpia y fui directa al baño de mi cuarto.

—¡Ups! Lo siento, déjame que te ayude.

—Déjame, puedo sola.

—Vale, solo quería ayudarte...

—Mi nombre es Leo, Leo Wishper...

—Suéltala, Rex.

—¿Quieres pelea?...

—No quiero pelea, Rex, solo te he pedido que la sueltes.

—Vaya, entonces, ¿esta niñita es tu novia?...

—¡Egocéntrico!

—Jaja, venga ya, me dirás que no lo deseabas, solo que me has guardado rencor y no lo has hecho, pero se ve que te morías por ello.

—¡Ni hablar! ¡No flipes, guapo!

—¿Has visto? Me has llamado guapo...

—¿Eh? Vaya, me he quedado transpuesta —estaba absorbida por las conversaciones con Leo—. Su voz... su carácter... —yo seguía pensando en él.

Bajé a comer ya con la mente despierta, dejé a Leo por un tiempo y me puse en mis casillas.

—¡Está todo muy bueno! —fui a recoger mi plato pero recordé que mi tía no me dejaría.

—Bueno, me voy a dar otra vuelta, iré a la playa como esta mañana, ¿puedo ir, tía?

—Sí, estás de vacaciones, vete si quieres, ten cuidado, solo eso.

—Gracias. ¡Ah! Por cierto, Charlote, si llama mi madre y no estoy, ¿puedes pedir su teléfono? El teléfono de donde está hospedada, así podré llamarla.

—Claro, Luna, anda vete ya, hasta luego.

—Gracias —dije de nuevo.

Cogí mi casco y mi moto y me puse en marcha, por el camino me puse a pensar y a dar vueltas a las cosas, cosas quizás absurdas pero era un poco extraño. Mi nombre lo empecé a relacionar con el de Venus, el de la chica de diecinueve años era un planeta y el mío era un satélite pero más o menos daba a pensar lo mismo. Y los de Leo, Libra y Virgo, eran signos del zodíaco. Qué casualidad que encuentres a alguien que tenga un nombre parecido al tuyo y luego tengas una pandilla en la cual todos tienen ese tipo de nombres. Por alguna razón pensé que eso significaba algo, el qué, no lo sabía, pero algo sé que tramaban, cuando me dijeron que estaban esperando mi llegada me quedé atónita, sonó un tanto misterioso y cuando hablaron de Leo, que él hablaba mucho de mí... solo me conocía de un día, ¿qué podía contar?

—¡Bah! Me estoy comiendo la cabeza por tonterías, dejémoslo estar —finalicé esos pensamientos y me puse a canturrear una canción.

Llegué a la playa, como era de costumbre no había nadie, con esa temperatura fresca a nadie le apetecía bañarse, miré a ambos lados y no vi a nadie.

—Esta vez no me impedirá nadie bañarme a gusto.

Corrí hacía la orilla quitándome la ropa y dejando mi cuerpo en bikini. Me zambullí de cabeza en el agua y comencé a nadar.

—¡Esto es maravilloso! —suspiré—. ¡Cuánto echaba de menos esto!

Miraba a través del agua clara y veía a los peces pasar por debajo de mí, cada vez me acercaba más a la boya, todos los peces nadaban de un lado a otro, con movimientos repentinos, todos poseían colores preciosos, cuando de repente mi mirada se fijó en algo que estaba debajo de mi...

—¡Qué es eso! —grité y fijé más la vista en el agua.

Algo se movía con los peces, algo muy extraño, me quedé atónita al verlo.

—Libra... —dije con los ojos abiertos de par en par.

Era Libra, la joven que me presentó Leo, la más pequeña, tendría trece años recién cumplidos. La pequeña estaba buceando por la profundidad de las boyas sin equipo de buceo y con algo más... con cola... de sirena.

—¡Oh, dios mío! —me quedé quieta para no llamar su atención, quería ver cómo había hecho eso.

Miré y miré pero ella seguía con los peces jugando y nadando como si llevase toda su vida haciendo eso.

—Esto no puede ser verdad, debo estar soñando —repetía una y otra vez. Al fin decidí ir a la orilla porque si continuaba allí acabaría desmayándome por la impresión.

—¿Me lo habré imaginado? —giré la cabeza y miré al agua con cierto miedo, pero ahí seguía ella.

Comencé a oír un ruido que cada vez se acercaba más a mí. Me di la vuelta bruscamente y observé que aquel ruido estaba siendo producido por una lancha motora, ésta se acercaba a mí, sabía que volvería a tener problemas.

—Vaya, vaya, vaya, nos volvemos a encontrar.

—Rex...

—¿Quieres que te lleve a la orilla?

—No.

—¿Seguro? Mira, hay mucho gamberro suelto y si ven una moto y ropa sin dueño... te puedes quedar sin ello.

—No serás capaz de hacer semejante cosa.

RESPUESTAS

—Yo estoy aquí contigo, lo único que te digo es que te llevo a la orilla y solo sabes despreciarme.

—Es lo que te ganas tú solo.

—Bien, mira hacia la orilla pues.

Miré y vi a una pandilla de chicos como Rex, cuadrados como armarios roperos, brazos descomunales y con una fuerza increíble.

—Vaya, qué pena... están con tu “lujosa” moto.

—¡Diles que dejen mi moto en paz, Rex!

—¿Cómo sabes que me harán caso? —vaciló.

—Porque solo una panda de especie de matones harían caso a un estúpido como tú.

—Pasaré por alto ese comportamiento que tienes conmigo, guapa, solo te digo que si dejas que te acerque a la orilla dejarán tus cosas en paz.

—¿Por qué he de fiarme de ti?

—Porque creo que soy tu única salida —al decir eso me alargó su mano para poder agarrarme y subir a su lancha.

Pero por mucho asco que le tuviese no podía negarme, la moto no era mía y prometí tener cuidado.

—De acuerdo, Rex, llévame a la orilla, pero prométeme que dejarán mis cosas.

—Prometido.

Llegamos a la orilla, cuando fui a bajar de la lancha Rex agarró mi brazo como la última vez y tiró de mí. Caí en sus brazos.

—Ahora tienes que hacerme un favorcillo —me pidió.

—Oh, no —pensé.

—Harás lo que yo te pida.

—Ni hablar, ya he venido contigo en la lancha, así que déjame a mí y a mis cosas en paz.

—Y si me niego ¿qué vas ha hacer?

Mi ira pudo conmigo y se apoderó de mí, mis manos ardían y mis ojos estaban centelleando chispas.

—¡Rex, suéltame!

—No, preciosa, tú te quedarás conmigo.

—¡Eso ni lo sueñes!

Conseguí quitarme sus manos de encima y con todas mis fuerzas le empujé y cayó redondo al agua. Sus amigos intentaron ayudarle pero yo no les dejé ya que toda la lancha comenzó a arder. No podían acercarse ni a él, ni a mí.

—Vas a lamentar haberme tratado así —mis dientes chirriaron y me tiré al agua para sacar a Rex de allí.

—¿Qué has hecho? ¡Estás loca!

—No, estoy harta de ti, que es distinto —al decir eso le agarré por una muñeca y Rex empezó a gritar.

—¡Me estás quemando! ¡QUEMA!

—¡Oh! Creo que hueles a chamusquina.

Cuando vi que sus ojos se humedecían le solté.

—La próxima vez piénsate eso de utilizarme.

—Cómo has hecho todo esto...—balbuceó.

—Brujería, quizás —sonreí.

La lancha ya no ardía, solo desprendía un poco de humo, me decidí a actuar rápido porque si no la gente aparecería y tendría más problemas.

—De esto no le digáis nada a nadie o si no os la veréis conmigo otra vez.

Asintieron todos al compás.

—Nos vemos —me despedí y cogí mis cosas.

Arranqué mi moto y me fui en dirección dios sabe dónde. Iba sin rumbo, porque no quería ir a mi casa, solo quería ver a Leo y a sus amigos y pedir explicaciones sobre Libra y sobre... mí.

—La librería, allí a lo mejor puedo encontrar a Leo —me dije y puse rumbo hacia allí.

Llegué en menos de diez minutos y aparqué mi moto como de costumbre.

—¿Hola? —dije al entrar.

Nadie contestó.

—¿Larry, Leo, estáis aquí?

Afuera se levantó un aire molesto, un aire que decía que traía tormenta consigo.

—Leo, dónde estás... necesito hablar contigo —me dije para mis adentros.

No había nadie en la librería así que decidí irme a mi casa, cuando fui a coger las llaves de mi bolsillo me encontré un papel. Lo abrí.

Hola, Luna, como te fuiste tan rápido no pude terminar de hablar contigo. Solo quería decirte que mi casa es la primera que hay antes de llegar al bosque. Es la de color gris. Cuando lo necesites pásate por allí, serás bien recibida. Atentamente, tu amigo Leo.

—¿Cómo ha metido este papel en mi bolsillo? Si llegué a casa y juraría haberme cambiado de ropa... Todo es muy raro... —me sostuve la cabeza, me dolía por la presión a la que estaba siendo sometida, no entendía nada de lo que estaba pasando.

—Está bien, vayamos a ver a Leo a su casa —me dije.

Fui en dirección el bosque, me costó situarme pero lo conseguí. Me di prisa, aunque no quería correr mucho, se lo prometí a mi madre, pero es que la tormenta cada vez estaba más cerca.

—Aquí es.

—Ding, Dong.

—Hola, ¿qué quieres joven? —me dijo una mujer de piel pálida y pelo castaño claro.

—Buenas, señora, disculpe que le moleste, pero ¿aquí vive Leo Wishper?

—Así es, soy su madre.

Me extrañó que aquella señora que vestía una túnica de colores vivos pudiese ser su madre, era muy joven, no tenía canas, se notaba que su pelo no era teñido y además no tenía ni una arruga.

—Pasa pequeña que si no te vas a mojar, la tormenta estará a punto de empezar, pasa y siéntate, ahora estará Leo contigo.

—Gracias, señora Wishper.

Esperé sentada en el salón, un salón amplio, para ser de otra clase social como ellos decían, estaban muy bien.

Se parecía a la casa donde vivía con mi madre.

—Hola, Luna, veo que has leído la nota.

—Así es, mira, Leo, tenemos que hablar, creo que tú sabes cosas que no sabe mucha gente.

—Explícate.

Su madre interrumpió.

—Leo hijo, ¿queréis algo?

Leo me miró para que contestase.

—Yo ahora mismo no quiero nada, señora Wishper, gracias de todos modos.

—Ya la has oído, mamá.

—Está bien, hijo, idos a tu cuarto, tengo que recibir muchas visitas hoy.

—Vale. Acompáñame, Luna.

Subimos una planta y ahí estaba su habitación.

—Bueno, creo que nos quedamos en que tenías que explicarte.

—El que tiene que explicarse eres tú, Leo, dime qué sucede.

—Lo siento, Luna, pero no te entiendo.

—Por favor, no te hagas el tonto conmigo. He incendiando una lancha y he visto a Libra de una forma poco común.

—¿Has incendiado una lancha? ¡Vaya! Eso no me lo esperaba.

—¿Qué? ¿Te estás quedando conmigo o qué? —enfurecí.

—Luna, ¿no lo entiendes?

—Pues sinceramente no, no lo entiendo.

—Libra tiene poderes para poder sumergirse en el agua y tú tienes un poder de hacer arder todo lo que tocas —dijo de una forma que parecía que estaba hablando de lo más normal de mundo.

Leo cerró la puerta de su habitación y me ofreció asiento. Yo acepté y me senté en un borde de su cama mientras él se tumbaba boca arriba en la alfombra que tenía en el suelo.

—¿Con todo lo que te gusta leer y no encuentras explicación a esto? Eres un poco absurda, Luna.

—¿Absurda yo? Perdóneme señorito, no me había dado cuenta de que la magia era lo más normal del mundo.

Discúlpeme, por favor, perdóneme la vida —dije sarcásticamente.

—Luna, controla tu genio, pero debes entender que es así de simple, tienes poderes que nadie podría pensar, punto y final.

—Leo, todos son así ¿no? Libra, Venus, Virgo y... tú.

—Así es. Tú también estás dentro de nuestro grupo.

—Por eso Libra dijo eso de que me estabais esperando...

—Sí.

—Cuéntame todo, Leo, ¿qué somos exactamente?

—Somos magos, brujos, hechiceros, como quieras llamarlo.

—Esto es muy extraño y difícil al mismo tiempo.

—Lo sé, Luna, yo he pasado por lo mismo que tú.

—¿Qué puedes hacer tú, Leo? ¿Qué poder tienes? —pregunté con miedo.

—El fuego.

—¿Como yo?

—No lo sé, no puede haber dos personas vivas con el mismo elemento, creo que tú tienes algo más.

—¿Algo más? —suspiré.

—Sí, creo que tú puedes adquirir hasta tres elementos. A todos nos cuesta vivir con uno pero para los que son como tú puede vivir hasta con tres elementos.

—¿Por qué yo?

—Por tu apellido, Luna.

—¿Mi apellido? Entonces... mi padre... —callé.

—Sí, tu padre era como tú.

Hubo un pequeño silencio en el cual ambos no sabíamos qué decir. Hasta que de pronto interrumpí.

—Por eso tengo yo este poder... por eso dijiste que solo puede haber uno vivo con el mismo elemento... ¿sabes? mi padre falleció hace unos meses —entristecí.

—Me lo imaginé. Lo siento mucho, Luna —me miró fijamente.

—No te preocupes, Leo, ¿cómo es eso que me has dicho de que no podéis vivir con más de un elemento? ¿Tan difícil es?

Sonó el timbre.

—Mi madre es vidente ¿sabes? Por esa razón sé muchas cosas de ti, las que le contaba a Libra y los demás.

—Oh.

—Bueno, sigamos, la verdad es que sí es difícil vivir con ello, cuando estuve contigo en la playa y querías ir hacia las boyas, no podía impedírtelo físicamente solo verbalmente y eso se debe a que yo al tener el fuego me cuesta mucho tocar el agua, antes enfermaba, pero ya puedo convivir mejor, aun así sigo teniendo un poco de miedo al agua, por eso intento mantenerme lejos de ella.

—Pero cuando me tiraste al agua... te mojaste.

—Lo sé, pero me sentía seguro contigo, Luna.

—Oh —repetí.

—Libra posee el agua ya que su nombre indica equilibrio y el agua es fundamental en esta vida, sin agua no habría vida. Luego está Virgo, su nombre significa Virgen y él a lo que se dedica es a mantener vivos los bosques, mantenerlo todo sin tala, todo virgen tal y como debe estar, su elemento es la tierra. Después está Venus, un planeta parecido a la Tierra, planeta perfecto, entonces ella tiene ese aspecto, un aspecto casi perfecto, su poder es el aire, gracias a ello podemos respirar.

Yo pensé y me dije a mí misma que eso de perfecto para mí era Leo, aunque Venus parecía también la chica perfecta tanto por físico y belleza como por su forma de ser y actuar.

—Finalmente estamos tú y yo, tu nombre significa totalidad, eres el satélite que va con el planeta perfecto, eres el satélite más afortunado, el más poderoso sobre todos. Yo soy el fuego, Leo viene de León, el león es muy poderoso y grande, su ira es la más fuerte de todas, su melena se confunde con las llamas del magnífico fuego.

—Esto es increíble... —tartamudeé.

—Lo que tienes que hacer es averiguar cuáles son tus dos elementos restantes.

—¿Cómo hago eso?

—En eso no puedo ayudarte, Luna.

—Vale, oye, Leo, ¿por qué esos elementos se han reencarnado en nosotros? Por lo que he leído, esas cosas no suceden si no hay ningún enemigo.

—Eso es.

—¿Entonces?

—Tenemos que encontrar a la persona que reciba el nombre de Escorpio, es más poderoso, el que ha sido llevado a la codicia, cada cien años se reencarna en alguien nuevo si no es destruido totalmente, tu padre pudo destruirlo junto a sus compañeros, pero no definitivamente, ya que Escorpio se está reencarnando.

—¿Cómo sabes tú eso?

—Recuerda, mi madre es vidente.

—Estoy atónita, no sé qué pensar, qué hacer...

—Tranquila, si estamos unidos no nos pasará nada, gracias por haber escuchado a tu madre y haber cedido a venir aquí.

—De nada, Leo...

Después de eso, Leo se levantó del suelo y se sentó a mi lado y me echó un brazo por encima de mis hombros acercándome a él.

—Tranquila, no te pasará nada, así que no llores, que tú eres muy dura, no me digas que lloras por esto.

—No lloro por esto, imbécil, lloro porque si no llega a ser porque mi padre murió yo no hubiese cedido a venir aquí.

—¿Qué le pasó?

—Mis padres tuvieron un accidente de coche en el cual mi padre... ya sabes.

—Y qué piensas ahora exactamente sobre él, ¿que se mató solo para que estuvieses aquí y destruyeras de una vez por todas a Escorpio?

—Sí, pienso exactamente eso, dar su vida por la de los demás... aunque no solo dio su vida sino también la de mi madre y la mía. Mi madre está con el corazón y la vida rota y yo estoy enfadada con todo y todos por lo que le pasó a mi padre —respiré hondo y continué hablando—. Leo, ¿qué problema tiene Escorpio? ¿Por qué hay que matar a esa persona que no tiene culpa de que ese elemento, que consigo lleva la avaricia, se haya reencarnado en él?

—Mucho, sus antepasados son los creadores de todo el mal.

—¿Qué problema tiene sobre este mundo? —pregunté eufórica.

—Que el ser humano dejaría de existir, esos elementos fueron destruidos por gente como Escorpio, codiciosos y ambiciosos, entonces ahora ellos quieren vengarse, pero solo ese elemento, el que se reencarna en Escorpio es el que sigue esos pasos, los otros elementos ven que el ser humano no tuvo culpa alguna de la extinción de los elementos.

—Está bien, os ayudaré. Pero que quede claro que lo hago por mi padre y por mis descendientes, no quiero que nadie tenga que morir por un estúpido codicioso como ese tal Escorpio.

Leo me quitó el brazo y me agarró la mano que estaba al lado de la suya, después se dejó caer en la cama y se llevó con él mi mano haciendo que mi cuerpo girase noventa grados. Se puso la mano en pecho y cerró los ojos.

—¿Qué haces, Leo? —pregunté.

No obtuve respuesta.

—Eres tan misterioso.

—Lo sé —sonrió y permaneció con sus ojos cerrados.

Me dejé caer hacia atrás yo también y quedé al lado suyo con una mano puesta en su pecho. Para estar más cómoda me giré y me quedé de perfil, así podía tener la mano en el pecho de Leo sin ninguna molestia.

—¿Qué sientes? —preguntó Leo.

—Sobre qué.

—Sobre todo en general.

—Pues sobre lo que me has contado, que Escorpio no se volverá a salir con la suya y siento que pagará por lo de mi padre. Sobre Libra y estos, siento que son buenos amigos y buenos compañeros con los que aliarse para ir a por Escorpio.

—¿Y sobre mí? —preguntó deseando saber la respuesta.

—¿Qué crees tú? —me insinué.

—Creo que te mueres por mis huesos, un egocéntrico como yo no se ve en muchos lados —rio.

—Sí, estás en lo cierto.

—Es cierto lo de que te mueres por mis huesos o lo de egocéntrico —arqueó una ceja sin abrir los ojos.

—Respecto a lo de egocéntrico —me reí tanto que creo que me pasé un poco—. Jaja. ¡Es broma, tonto!

—¿Entonces?

—Claro que me muero por tus huesos —esbocé una sonrisa que Leo pudo ver, ya que abrió sus ojos al oír eso.

—Yo también por los tuyos, Luna —contestó.

—Pues ya está, ya hemos confesado —sonreí.

—Sí...

Al decir ese sí, Leo, se giró y se puso mirando hacia mí, me puso la mano, con la cual tenía agarrada mi mano sobre su pecho, en mi mejilla y empezó a pasar su dedo pulgar por debajo de mi ojo izquierdo, mi barbilla y mi boca.

—Eres estupenda.

—¿Por qué lo dices?

—Porque tengo razón. Cuando Rex dijo que tenía buen gusto respecto a lo de la novia, vi que no era el único que se moría por ti. A Rex le gustas, Luna.

MORATONES

—Pero a mí Rex me da asco, yo solo te quiero a ti, Leo, solo a ti.

Hubo un silencio, pero no incómodo y por fin Leo dijo lo que tanto deseaba oír.

—Te quiero, Luna, que sepas que estaré contigo siempre, pase lo que pase.

Estuvimos un tiempo allí los dos juntos, fue maravilloso, pero ya iba siendo hora de que me fuese a casa, la tormenta ya había empezado y si le decía a mi madre que había conducido con lluvia se enfadaría mucho.

—Hasta mañana, Leo.

—Adiós, pequeña —y me besó en los labios.

No corrí mucho, más bien iba despacio, me iba a poner perdida, pero mejor mojarme a tener un accidente, pero no sé cómo, aceleré cada vez más.

—¡Quién lo diría! —suspiré—. ¡Vuelvo a estar con alguien! Aunque la verdad, Leo es mucho mejor, es una persona que se hace querer al instante, daría todo por él.

—¡¡PIIII!!

—¡AH!

Frené bruscamente, respiré hondo y me intenté tranquilizar ya que estaba temblorosa.

—¡Ten cuidado, chica! ¿Qué quieres, tener un accidente?

La palabra accidente me hizo entrar en razón, estaba tan aturdida pensando en Leo que no me fijé en la carretera.

—Lo siento, es que la lluvia me impedía ver y... no vi el ceda el paso, perdóneme, señor —me disculpé.

—Tranquila, pero la próxima vez a lo mejor no tienes tanta suerte, ve con cuidado, niña, adiós.

El coche arrancó y continuó con su trayectoria.

—¡Uf! ¿Por qué tengo tan mala suerte? Aunque si fuese así, quizás ahora mismo ya no estaría aquí...

—Tengo que llegar a casa cuanto antes —al decir eso vi un callejón que acortaba toda mi trayectoria—. Iré por ahí.

Entré en el callejón con mi vieja y ruidosa moto.

—Espero que no haya nadie, no me gusta llamar la atención.

Iba a una velocidad constante, ya no pensaba en Leo, solo pensaba en llegar sana y salva a casa. El callejón cada vez se volvía más oscuro y largo, o al menos esa era mi impresión.

—Ya queda solo dos casas más para llegar a la mía, menos mal —al decir eso recordé lo que me dijo Charlote, mi tía.

—Rex Sharp, vive a dos casas más atrás que nosotros...

—Dos casas... espero que la mala suerte no me acompañe ahora de nuevo, ya he tenido suficiente, no quiero volver a encontrarme a Rex dos veces en un día.

De repente vi algo moverse entre las sombras.

—Tranquila, Luna, si es Rex seguro que no te hace nada, no creo que tropiece dos veces con la misma piedra.

—¡Crash!

—¿Quién anda ahí? —grité y detuve la moto.

Vi que la tapa de un cubo de basura estaba rodando, ese sería el ruido que escuché.

—Menos mal —suspiré.

—¡Miau!

—¡Ah! —grité—. Qué susto, maldito gato, casi me da un infarto, menudo día de sustos que llevo. Solo queda una casa y ya estoy en la mía, debo apresurarme.

Comencé a ver la luz que se metía por el final del callejón. Llegué al final sin ningún problema más.

—Ya estoy en casa —suspiré fuertemente alegrada por llegar sana y salva por lo pelos.

—¿Dónde estabas, Luna? —gritó mi tío.

—Estaba en la playa, luego estuve con un amigo en su casa y cuando salí empezó a llover.

—¡¿Con un amigo en su casa?! —gritó fuertemente.

Se me quebró la voz pero conseguí contestar.

—Sí, en su casa, estuvimos hablando, nada más, tío Puke.

—¡Y una mierda!

—¿Pero qué pasa? No he hecho nada malo —sollocé.

—¿Crees que soy idiota, niña? —gritó levantando la mano.

—¡Pero qué dices! —enfurecí.

—No me levantes la voz.

—Pero...

—¡No me levantes la voz!

—¡Si has empezado tú! Y estoy harta, ¿no se pueden tener amigos? ¿Estás insinuando si ese chico es mi novio? ¡Pues sí! ¡Sí lo es! ¿Algún problema?

—¡¡Te he dicho que no me levantes la voz, niña!!

—¡La levantaré si me da la gana! ¡No eres mi padre!

—¡Zas! —impactó su mano contra mi cara húmeda y fría por la lluvia.

—¿Qué... qué has hecho? —lloré.

—Lo que tendría que haber hecho tu padre hace mucho tiempo, educarte como es debido, no eres nada ni nadie para levantarme la voz, solo eres una niñata consentida.

Janette entró en el hall corriendo para ver qué sucedía.

—Janette... —dije suplicando ayuda.

—¡Cállate!

—Señor, pare por favor, no le haga nada a la niña.

—¡No te metas, chacha!

Salí corriendo mientras mi tío discutía con Janette.

—¡¿Dónde te crees que vas?!

Corrí escaleras arriba intentando llegar a mi cuarto.

—Cuando te coja... —amenazó.

—¡Déjame, por favor! —lloraba con fuerza.

Por culpa de las lágrimas tropecé con las escaleras y me di de bruces con la barandilla. Mientras entraba en sí, oía a mi tío correr, cada vez estaba más cerca, también oí a Janette llamar a mi tía por teléfono pero parece que no había señal por culpa de la lluvia.

—Vas a saber que es levantarme la voz, bonita —cogió y me agarró de mi pelo mojado y tiró de mí hacia atrás.

—¡Ahh! —grité de dolor.

—¡Pídeme perdón!

—¡PERDÓN, PERDÓN! —supliqué.

—Eso no es suficiente —noté su bota en mi tripa, fue un impacto tan fuerte que me quedé sin respirar.

—¿Qué pasa? ¿Ya no dices nada?

—Arg...

—A mí nadie me levanta la voz de ese modo, así que ahora suplícame que te deje en paz o si no ¡te mato aquí mismo!

—¡¡POR FAVOR PERDÓN!!

—Suplica, suplica, no hay nadie que pueda ayudarte, qué gracia me haría que tu padre estuviese aquí viendo esto, ¡menudo impotente! No estar aquí para poder ayudarte.

—¡No hables así de mi padre!

—¿Qué te he dicho sobre la voz?

Cuando mi tío levantó la otra mano para pegarme de nuevo...

—¡PUKE!

Mi tío se giró y vio a mi tía y a Janette. Mi tía estaba temblando y Janette fue a socorrerme.

—¡¿Cómo has podido hacerle eso a la niña?!

—Charlote, lo siento, discúlpame —al decir eso le agarró la mano a mi tía pero ella retrocedió unos pasos atrás para que Puke no pudiese tocarla.

Janette me cogió como pudo y me llevó a mi habitación que estaba solo a cinco escalones.

—No te preocupes, Luna, tu tío pagará por esto.

—Gra... gracias Janette...

La criada me ayudó a tumbarme en la cama y me dijo dulcemente: —Descansa.

No podía dormir, estaba temblando y llorando por culpa del incidente de mi tío, miraba por la ventana, la lluvia la golpeaba fuertemente y la oscuridad se adentraba en mi habitación.

—Tengo miedo —sollocé—. Papá, mamá... os echo mucho de menos.

De repente, una luz blanca y cálida salía de mi cuerpo iluminando toda la habitación.

—Papá...

Así era, una imagen de mi padre estaba allí, a mi lado, diciéndome que me quería y que por mucho dolor que pasase él estaría conmigo.

—Para poder lograr lo que te propones, hace falta sufrir, luchar por lo que quieres, tu tío no ha tenido piedad contigo, ha sido injusto, no te ha escuchado, pero Luna, recuerda que tu tío no está en su sano juicio, yo no puedo estar contigo, pero hay gente que te quiere y te apoya así que lucha y no te rindas...

—Gracias, papá...gracias por estar siempre conmigo, te quiero.

—Cuida de ti y de tu madre, te quiero Luna...

La luz fue apagándose poco a poco hasta que la habitación se quedó de nuevo a oscuras.

—Papá... daría todo por volver a ser feliz...—al decir eso casi en un susurro me quedé dormida sin darme cuenta del dolor de estómago que tenía producido por la patada que mi tío me había dado hacía unas horas.

UN DÍA EN CAMA

—Luna, ¿estás despierta?

—Sí, lo estoy, tía.

—¿Qué tal estás, pequeña?

—Creo que mejor —dije—. Gracias por preguntar, tía.

—Me alegro, cielo, el médico dijo que te pondrías bien pronto. Ah, oye, ha llamado tu madre...

La interrumpí.

—¿Qué le has dicho, tía? No quiero preocuparla, espero que no hayas dicho nada...

—Sí, se lo he contado, tu madre quería tomar un avión y venir a buscarte, pero le he dicho que no, que eso no va a volver a suceder, todo le está yendo muy bien, entonces, le he pedido que se quede y termine todo, porque todo está bien, le han mandado unas pastillas a tu tío y la policía ha dicho que si vuelve a suceder algo parecido le encerrarán, ahora está en cama con medicación, así que no hay de qué preocuparse.

—Está bien, tía, gracias de nuevo.

Janette llamó a la puerta y pidió permiso para pasar, mi tía abandonó el cuarto y entró ella con mi desayuno, del cual no probé bocado.

—Janette, ¿podré salir hoy? El médico dijo que me recuperaría pronto.

—Quédate hoy mejor en casa, así mañana estarás mucho mejor, he avisado a tus amigos para que vengan a verte.

—Gracias, Janette.

—Cuando vengan les haré pasar, no quiero retenerles mucho tiempo ahí abajo, no quiero dar explicaciones de lo sucedido...

—Está bien, no tienes por qué dar explicaciones, ya se las daré yo, gracias de nuevo, Janette.

Me besó en la frente cariñosamente, como si fuese mi madre y desapareció por la puerta dejándola entreabierta.

—¿Cómo les explico lo sucedido...? Leo no lo soportaría... —pensé.

Le di miles de vueltas y decidí contárselo, porque si Leo se enteraba y sabía que no se lo había contado se enfadaría conmigo y no quería perderle, era una cosa durísima por la cual ya había pasado, yo no era tan tonta de caer dos veces con la misma piedra.

—Hola, Luna —dijo Venus al entrar primero por la puerta de mi cuarto.

—Hola, chicos. Gracias por venir a verme.

—¡Luna, cielo! ¿Estás bien? ¿Qué te ha pasado?

—Leo, tranquilo, estoy bien, solo... bueno... ayer al llegar a casa tuve un problema con mi tío y bueno...

—¿Te pegó, Luna? —preguntó Virgo preocupado.

—S... sí.

—¡¡Menudo imbécil!! —enfureció Leo dando un puñetazo a la pared.

—¿Cómo pudo hacer eso? —preguntó Libra agarrándome de la mano suavemente.

—Prefiero cambiar de tema, por favor.

—Está bien, Luna.

Hubo un silencio incómodo pero se rompió rápidamente.

—Ah, Luna, cuando te mejores podríamos hacer una acampada, así vemos cuáles son tus poderes, ya nos ha contado Leo.

—Por mí encantada, así puedo salir de aquí... me ayudaríais mucho, gracias chicos.

—Bueno, pues mañana si estás bien venimos a buscarte.

—Esta noche te llamo, Luna, y me dices qué tal estás, si estás mejor planeamos todo para la acampada de mañana, ¿vale, cielo? —me dijo cariñosamente Leo dándome un beso en la mano que acababa de soltar Libra.

—Bueno, pues gracias por venir a verme, os lo agradezco mucho —sonreí.

—Haríamos todo por ti, Luna, somos tus amigos y te queremos mucho aunque unos más que otros ¿no, Leo? —todos rieron.

—En fin, nos vamos, hasta mañana si eso. Nos vemos, cuídate.

Se despidieron uno por uno y se marcharon por la puerta sin hacer ningún ruido.

—Leo, creo que ya se cuál es otro de mis elementos.

—¿Sí? Qué bien —sonrió—. Y dime, ¿cuál es?

—La Luz.

—¡Oh! Increíble, es el más fantástico de todos, es el que puede con todos, incluso con la oscuridad.

—Pues entonces estad todos tranquilos porque os protegeré —reí costosamente.

Leo sonrió de nuevo y me guiñó un ojo.

—Bueno descansa, lo necesitas, esta noche te llamo mi niña, te quiero.

—Yo también te quiero.

Cerró la puerta poco a poco y la dejó como la encontró, entreabierta.

Pasaron dos o tres horas y conseguí conciliar el sueño, cuando desperté eran las diez y media de la noche. Decidí levantarme.

—Hola, tía, ya estoy mejor.

—Buenas, Luna, me alegro, oye, lo siento pero tengo que ir a darle la medicación a tu tío, luego si quieres hablamos.

—No te preocupes, Charlote, oye, tía, ¿podría llamar a mi madre? Me apetece hablar con ella.

—Por supuesto, llámala, el teléfono está apuntado en la agenda, cógela del primer cajón de la cocina, si no lo encuentras pregúntale a Janette.

—Vale, gracias, tía Charlote.

Fui poco a poco a la cocina, no porque estuviese mal, sino porque iba un poco dormida.

—Aquí está —dije para mis adentros—. Vamos a ver si está mi madre ya en el hotel.

El teléfono daba señal pero nadie contestó.

—Bueno, lo intentaré otra vez y si no lo coge llamaré mañana.

El teléfono sonó y sonó...

—¿Diga?

—¡Mamá!

—¡Oh, hija! ¡Cielo, estaba deseando hablar contigo!

—Y yo contigo, mamá

—¿Qué tal estás? En cuanto termine aquí voy a por ti, Luna, no quiero que estés ahí más tiempo, es que es tan horrible lo que hizo Puke... me pongo a pensarlo y... me entran unos nervios...

—Mamá, tranquila, estoy bien, la verdad, creo que debería quedarme aquí, el tío no trata muy bien a la criada y a la tía de vez en cuando, si estoy aquí puedo ver si les ocurre algo, pero si me voy... puede pasar una desgracia mayor.

—Tienes razón, hija, pero... no sé cómo eres tan valiente después de lo que has pasado.

—También, si soy sincera, deseo quedarme porque he encontrado unos amigos estupendos y... a un chico que... quiero mucho.

—Ya decía yo... me alegro de que hayas encontrado a gente que te quiere y ese chico espero que cuide de ti, no quiero que te hagan daño.

—Es genial, mamá, lo conocerás, te lo prometo.

—Eso espero, ¿cómo se llama el querido afortunado?

Reí.

—Se llama Leo.

—Bonito nombre, como el tuyo.

—Y como el tuyo y el de papá...

—Bueno, el de papá era muy raro más bien, pero sí, tenía su encanto.

—Pero Luna y Leo suenan mejor que Estrella y Plutón.

En ese momento vi que no solo mi padre recibía un nombre extraño, el de mi madre también lo era, Estrella es un nombre común como el mío, por eso no me di cuenta de ello, ¿debía decirle a mi madre lo sucedido con el fuego y aquella luz?

—Oye, mamá...

—¿Sí?

Pero decidí callar.

—Em... que te quiero, gracias por todo.

—Yo también a ti, hija, bueno, ya hablaremos ¿vale?

—Sí.

—Un beso, pequeña.

—Buenas noches, mamá.

Colgué rápidamente antes de arrepentirme y decirle aquello que me tenía sorbido el coco.

—Señorita Luna, hola, ya avisé a su tía de que la cena ya está servida, bueno, pues eso, que la cena ya está servida, cuando quiera puede ir al comedor.

—Gracias, Janette, es muy amable, probaré su cena con mucho gusto.

Fui al comedor, allí estaba aquel banquete de todas las comidas, siempre con cosas nuevas, pero riquísimas. Cené junto a mi tía e invitamos a Janette a cenar con nosotras pero se opuso solo porque era la criada, esas cosas me sentaban un poco mal pero no podía hacer nada.

LA ACAMPADA

—¡Riquísimo todo!

—Estaba bien —dijo mi tía limpiándose poco a poco la boca con la punta de la servilleta que había tenido en su regazo durante la cena—. Janette ya puede recoger los platos.

—Sí, señora Lewis.

Janette recogió los platos y mi tía y yo fuimos al salón a charlar.

—Ya estás bien entonces, ¿no, Luna?

—Sí, mucho mejor, ya no me duele nada.

—Yo me refería... psicológicamente respecto a lo que pasó.

Me quedé en blanco y dudé.

—Hombre, esas cosas no pasan a menudo y la verdad es que son muy poco agradables. Pero, sinceramente, estoy mejor, prefiero olvidar lo sucedido.

—Vale, yo estoy aquí para lo que quieras, Luna.

—Gracias, tía Charlote.

El teléfono sonó. "Es Leo", pensé. Y no me equivoqué, allí estaba él, al otro lado del teléfono, preguntando constantemente qué tal me encontraba.

—Hola, Luna, ¿estás mejor?

—Sí, Leo, mucho mejor, sobre todo ahora que escucho tu voz.

—Me alegro mucho. ¿Mañana qué quieres hacer entonces, pequeña? No quiero obligarte a nada, eso que te quede claro.

—Tranquilo, estoy decidida, voy con vosotros de acampada, aunque la verdad, no he preguntado, pero me imagino que sí podré.

—Pregunta ahora si no es molestia.

—Está bien, un momento.

Puse el teléfono en la encimera y corrí al salón. Pero allí no estaba mi tía, pregunté a Janette y me dijo que estaba con mi tío en la sala.

—¿Preparada, Luna? —me dije respirando, ya que no quería ver a mi tío ni en pintura.

—Toc, toc —llamé.

—¿Sí?

—Soy Luna, ¿puedo pasar? Necesito preguntarte una cosa, tía Charlote.

—Adelante, pasa.

Me adentré en la sala con miedo. Alcé la mirada y allí estaba aquel terrible hombre, sentado en una butaca sin poder moverse, los tranquilizantes y las pastillas no se lo permitían.

—Tía, me ha llamado Leo, Leo Whisper, uno de los que han venido hoy a verme —fui interrumpida.

—Tu novio ¿verdad, niña? —gruñó mi tío.

Hice oídos sordos y continué hablando.

—Me ha pedido que si voy mañana de acampada con él y con los demás que han venido hoy, los que te dije que conocí el otro día.

—Sí, ya sé quiénes son, ¿tú quieres ir, Luna?

—¡Claro!

—Pues entonces ve, si estás mejor y quieres ir no te lo impido, yo solo te digo lo de siempre, ten cuidado.

Aunque el cuidado lo tenía que tener en casa ya que mi tío estaba en ella.

—Yo no quiero que vaya —gruñó de nuevo Puke.

—Déjala, Puke, es mayorcita, dentro de muy poco es su cumpleaños y ya tendrá diecisiete, tiene que saber valerse por sí sola.

—Me da igual, hasta que no sea mayor de edad no puede hacer lo que se le plazca.

—Pero no es tu hija, Puke, y si mi hermana y Plutón la han enseñado así, pues que así sea, yo no puedo cambiarla de la noche a la mañana, además es muy responsable, seguro que tiene cuidado con su novio, si es lo que tanto te preocupa.

Mi tío enmudeció, Charlote había dado en el clavo.

—Claro que tendré cuidado, descuida, tía.

—De acuerdo, ve entonces, confío en ti, Luna.

Le agradecí una vez más a mi tía el haberme dejado ir y salí rápidamente de la sala antes de que mi tío pudiese objetar algo más y empeorar las cosas.

—¿Leo?

—Dime.

—Siento el retraso, pero bueno, ha merecido la pena, sí puedo ir.

—¿En serio? ¡Qué bien!

—Sí, es genial —esbocé una sonrisa sin saber por qué, nadie podía verla pero eso me hacía sentirme bien.

—Bueno, mañana temprano pasaré a buscarte.

—Bien, ¿a qué hora?

—¿A las ocho te parece bien? ¡Tenemos que aprovechar todo el tiempo posible!

—Me parece estupendo. ¿Me llevo el saco de dormir y comida?

—Comida no te preocupes, lo del saco como quieras, yo tengo uno muy grande, podemos entrar los dos.

—¡Entonces voy sin nada!

—Sí, jaja.

—Bueno, me voy a dormir, así mañana estaré lista cuanto antes.

—Sí, descansa, Luna. Te quiero.

—Yo también te quiero, Leo, ten dulces sueños.

Colgamos los dos a la vez o esa al menos fue mi impresión.

—Janette, me voy a la cama, ¿te importaría decírselo a mi tía? No me apetece pasar otra vez a la sala.

—Buenas noches, reina, no te preocupes, yo se lo diré.

—Hasta mañana entonces.

Subí las escaleras a paso lento, pensando en qué ropa llevarme y todo eso.

—La mochila está lista, con mi bolsa de aseo, una camiseta limpia, unos pantalones cortos, bikini, chaqueta y el saco de dormir —corregí—, bueno, mejor si no pongo saco de dormir —Leo me dijo que él llevaría uno grande y no iba a despreciar esa oferta, ¡podría dormir junto a él!

Cerré mi mochila como pude, ya que era pequeña y todas las cosas estaban apretujadas.

—¡El pijama! Ya decía yo que faltaba algo —lo metí como pude y dejé la mochila encima de la hamaca que había junto a la ventana.

Me tumbé en la cama y cerré suavemente los ojos, me imaginé todos los momentos que podría pasar con Leo mañana, él tenía razón, había que aprovechar todo momento para poder estar juntos, pero sin olvidar a... mis amigos.

—¡Pi pi pi pi! ¡Pi pi pi pi! —sonaba el despertador.

—Llegó el día.

Me levanté rápidamente, revisé mi mochila por encima y vi que estaba todo. Fui a la cocina en silencio, eran las siete y media de la mañana y no quería molestar. Pero parece que alguien estaba levantado a esas horas.

—Hola, Luna.

—¡Ah! —me sobresalté.

—¿Al final te vas?

—S... sí.

—¿Qué pasa? ¿Me tienes miedo? —chuleó Puke.

—Por favor, déjame pasar, necesito comer algo, tengo que irme dentro de poco.

—¿Y si no te dejo?

No contesté.

—Ya veo, me ignoras, ¿no es así? —aparté la mirada cuando dijo eso—. Te he hecho unas preguntas y solo has contestado a una, no me vaciles, niña, o si no la tenemos —levantó la mano.

—Estate quieto, por favor, tío, o si no saldrá mal parado.

—¡Ja! ¿Quién te has creído tú?

—Ya basta, por favor.

—¡Zas! —me golpeó la cara y me giró la cabeza de la fuerza.

—Tú lo has querido, tío —mis manos empezaron a arder con fuerza.

Le agarré como pude y le tapé la boca con una mano para que no pudiese gritar. En sus ojos se veía el dolor que estaba causándole.

—Ba... basta ya.

—¿Se pasa mal, verdad? Así que la próxima vez que me ponga una de sus sucias manos encima lo pasará mucho peor.

—Le quité las manos de encima y le dejé echarse atrás.

—¿Cómo has hecho eso? —preguntó anonadado.

Entonces mi tía y Janette entraron por la puerta.

—Puke... deberías estar en la sala, no debes moverte de allí.

—Lo sé, Charlote, pero tenía hambre y vine a la cocina y me encontré a Luna.

—Luna, ¿te ha hecho algo?

Le miré a él y después a mi tía.

—No.

Mi tío abrió la boca pero luego la cerró.

—Solo estábamos hablando, ¿verdad, tío Puke?

—S... sí.

—Bueno ya es la hora, tengo que irme, comeré algo por el camino.

—Adiós.

—Hasta luego, Luna. Me imagino que vendrás mañana por la noche, si hacéis un cambio de planes llámame por favor, toma, dinero, así podrás llamarme si es necesario desde una cabina telefónica.

—Gracias otra vez, tía.

Me abrí paso entre mis tíos y la criada, pasé por la puerta y llegué al hall. Cogí las llaves de mi moto por si las necesitaba y las metí en la mochila. De repente sonó una bocina de un coche, me imaginé que sería Leo, así que salí diciendo un "hasta luego" en voz alta.

—Hola, Luna —saludó Libra por la ventanilla trasera del coche.

—¡Hola! —saludé.

—Venga, pasa, tenemos que ir a recoger a Virgo y ya estamos todos.

—Sí.

Entré y me senté al lado de Libra, la que conducía era Venus, Leo estaba sentado de copiloto, me extrañé un poco porque no me dirigió la mirada, eso me estremeció.

—Libra, sal a llamar a Virgo, en este barrio no es muy conveniente tocar la bocina a estas horas.

—Voy con ella —dijo Venus— para no dejarla sola —Libra era la más pequeña y sobre Venus caía la responsabilidad ya que era la más mayor de todos.

—¡Vamos!

Salieron las dos y fueron hacia el portal viejo que había enfrente de donde habíamos aparcado en coche.

—Leo...

—¿Sí?

—No es por nada pero... ¿te pasa algo conmigo?

—No.

—Am... bueno, lo digo porque como no me has dirigido la palabra en este trayecto, me ha extrañado pero si dices que no pasa nada...

—Luna, deja de comerte la cabeza, no pasa nada ¿vale?

—Está bien...

Bajé la mirada e intenté callar ese silencio tarareando una canción que tarareaba siempre mi padre.

—¡Ya estamos todos! —dijo Venus al entrar primero al coche.

SIRENA VS. ÁNGEL

—¿Qué te pasa, Luna? —preguntó Libra levantándome un poco la cabeza.

—¿A mí? No me pasa nada, no te preocupes por mí, estoy bien.

—¿Seguro?

—Sí, segurísimo.

—Lo que tú digas... en fin... ¿luego podemos jugar a una competición de poderes? Quien pierda tendrá que hacer lo que los demás digan.

—Yo no quiero jugar —gruñó Virgo.

—¿Por qué? Parece divertido.

—Porque siempre se quedan en la final Venus y Leo —dijo Virgo enfadado.

—¡No sabes perder, Virgo!

—Ya, claro. Como siempre ganas tú, Venus.

—Algún día dejaré de ganar, pero me sustituirá Leo.

Venus y Leo rieron.

—Bueno, por probar no pasará nada, venga Virgo —dije.

—¿Vas a competir, Luna?

—¿Por qué no?

—Bueno, vale, jugaré, pero que sepáis que no estoy satisfecho.

—¡Bien! ¡Gracias, Virgo!

—Venus, ¿ves aquel camino que hay a la derecha?

—Sí, ¿me meto por ahí?

—Sí, hay un buen lugar donde acampar, además está al lado de lago de Cristal y creo que Luna no lo ha visto, ¿verdad, Luna?

—Verdad, no lo he visto, estará bien ver cosas nuevas.

—Entonces ¡allá vamos!

Venus iba a ciento veinte por hora, estaba un poco asustada pero me fiaba de ella, ¿cómo podía dudar de ella si era la chica perfecta?

—Ya hemos llegado.

—¡Pues vamos a sacar las cosas y a decidir quién duerme con quién!

—¿Cómo?

—Dormimos siempre en parejas, pero como ahora somos impares tenemos que hacer un grupo de tres y uno de dos, ya que no podemos dormir solos, somos magos, Luna, podría atacarnos en cualquier momento —contestó Libra maduramente.

—¡Oh! Vale, bueno yo para que no andemos con muchos rodeos, me meto con uno de los grupos ya hechos, si no será más lío.

—Gran idea, bueno pues decide Luna, ¿conmigo y con Virgo o con Leo y Venus?

Eso último me hizo un poco de daño. Venus y Leo... en la misma tienda... ¿tendría eso que ver con lo que le pasaba a Leo conmigo?

—Pues... No sé, me da igual la verdad —miré disimuladamente a Leo el cual me miraba fijamente, no sabía qué significaba su mirada así que no pude hacer lo que él quería, ¿o sí?

—¡Pues si no te decides duerme conmigo, Luna! —dijo Libra.

—Pues... —entristecí—. Vale, dormiré contigo y con Virgo.

—¡Bien!

—Bueno, pues coloquemos las tiendas y los sacos.

—Cuando terminéis con eso cada uno, poneos el bañador, nos iremos al lago a dar un bañito, ¿qué os parece? —comentó Venus.

—¡Genial! —contestaron todos, todos menos yo.

Me puse a ayudar a Virgo y Libra con la tienda, mientras miraba a Leo y Venus, riendo y jugueteando entre ellos, me sentía mal, muy mal, no sé si por los celos o porque Leo me había jugado una buena.

—¡Leo, déjame! ¡Me haces cosquillas!

—En eso consiste —rieron.

Libra se percató de lo que me pasaba y no pudo callar.

—Luna, ¿te gusta Leo verdad?

—¿Eh? Bueno...

—Confía en mí, Luna, yo no diré nada y Virgo está ocupado, no escuchará nada.

—Gracias, Libra, pues la verdad, sí, sí me gusta.

—¡Lo sabía!

—¡Shh!

—Ups, lo siento —sonrió pícaramente.

—Pero sabes que Leo tiene novia, ¿no?

—¿Novia? —supuse que no se refería a mí, mi corazón estaba rompiéndose de nuevo y me faltaba el aire.

—Sí, es Venus.

—Ve... ¿Venus?

—¿No se nota?

—Pues ahora que lo dices... la verdad es que sí.

—Pero bueno, no te preocupes, seguro que encuentras a alguien, yo de momento paso de eso, es complicarse la vida —suspiró—. Ahora estás como Virgo, a él le gusta Venus.

—Vaya...

—Pero bueno, qué le vamos a hacer.

—¿Cuánto tiempo llevan juntos?

—Pues la verdad es que no lo sé, porque rompen y luego vuelven pero la última vez que discutieron fue ayer así que creo que llevan... cuatro horas —rio.

—Cuatro horas... —era increíble—. Leo me había cautivado, estábamos enamorados, pero así como así decide dejarme... por eso se comportaba así —pensé.

Mis pensamientos se interrumpieron por la persona menos indicada, Venus.

—Nosotros nos vamos al lago, venid cuando terminéis, hasta ahora.

—¡Vale!

—Bueno, démonos prisa, no quiero quedarme sin bañarme, para un día que hace buen tiempo —dijo Virgo terminando con su saco.

—¡Ya está todo, chicos!

—Pues vamos a ponernos el bañador y... ¡al lago!

Nos vestimos y salimos corriendo hacia allá.

—¡Guay! Vamos allá.

Al decir eso, Libra se zambulló en el agua y comenzó a brillar todo su cuerpo, de repente, sus piernas comenzaron a convertirse en una cola con escamas azules a juego con sus celestes ojos.

—¿Una carrera?

—Qué graciosa mona.

—Lo sé —rio.

—Venga vale, tú por el agua y yo por el aire.

—¡Está bien!

—¿Entonces preparadas, chicas?

—No, un momento —interrumpió Venus su propia carrera.

Se puso encima de una roca al lado de Libra. Cerró los ojos y abrió los brazos como si fuese a hacer el salto del ángel, de repente, en su espalda comenzaron a salir unas alas, alas de ángel, blancas y perfectas, bueno, casi perfectas, como ella.

—Ya está. Cuando quieras, Libra.

—A mi señal —dijo Leo.

—Id al final y volved —gritó Virgo.

—Preparadas, listas... ¡ya!

Libra se sumergió y nadó rápidamente, más rápido que tres delfines juntos, en cambio, Venus saltó y se quedó flotando en el aire, se colocó los brazos pegados al cuerpo y empezó a volar velozmente, esquivando algunas ramas de los árboles.

—Van empatadas.

—Lo sé, no creo que gane ninguna.

—¿Y eso? —pregunté.

—Porque aunque tengan elementos diferentes, su velocidad de movimiento sobre éste es el mismo, entonces, no ganará ninguna, habrá un empate, como de costumbre —contestó Leo olvidando todo lo sucedido.

—Vaya...

—Ya están apunto de llegar, voy a acercarme, a ver si por una vez hay una ganadora.

—Está bien, Virgo, corre.

—¡LLEGUÉ! —gritaron las dos a la vez.

—¡Empate!

—Mierda... otra vez no. Bueno, somos muy buenas, Libra, pero la próxima vez te ganaré.

—Eso ya lo veremos.

Sonrieron amistosamente y se acercaron a donde estábamos nosotros.

—Bueno nos bañamos un rato y luego hacemos el duelo de elementos, ¿qué os parece?

—Por mí estupendo.

—Y por nosotras también.

—¿Leo? ¿Te apetece?

—Claro que sí, vamos todos al agua y ¡luego os enteraréis, os ganaré!

—Eso ni lo dudes, ganaré yo.

—Chicos, dejad de soñar, este año ganaré yo.

Virgo y Leo rieron fuertemente, Venus solo sonrió de forma burlona y yo decidí no decir nada.

—Bueno ya lo veremos, ¡en fin, vamos al agua!

Corrimos hasta llegar al agua, estuvimos jugando y yo decidí olvidar el tema de Leo, era ridículo pensar en eso, él sabrá lo que hace, yo no tengo culpa de haberme enamorado de un chico perfecto, pero claro, todo chico perfecto necesita una chica perfecta y en este caso, no era yo.

Estuvimos jugando y riendo, me olvidé de todo, de Leo, de mi tío... de todo. Lo pasamos bien, no me quejo e incluso Leo y yo hablamos como amigos, eso me alegró mucho y Venus y yo hicimos buenas migas, mis celos se quedaron a un lado y fue genial, era una chica estupenda y me cayó genial.

—¡Bueno, ya va siendo hora de que compitamos!

—Sí —dije—. Vamos a hacer los turnos.

—¡Vale!

—Vamos a ver, en este papel he escrito los nombres de todos, así que sacaré dos nombres primero y serán los que empiecen, luego sacaré otros dos. El que gane de cada uno se meterá otra vez en el saquito y el que salga luchará contra el que en las primeras rondas no participó, ¿me explico?

—Sí, se ha entendido genial, vamos a ello.

—Bien, a ver, a ver... Libra, coge dos papelitos.

—Sí. Veamos, han salido... Virgo contra... ¡Leo!

—Vaya, que gane el mejor.

Se desearon suerte y comenzaron. Leo lanzaba bolas de fuego, fogonazos, le agarraba y le quemaba. Virgo hacía que las raíces de los árboles apresaran a Leo mientras él le rajaba con las hojas de éstos.

—¿No se hacen daño? —pregunté preocupada.

—No exactamente, están inmunizados, se hacen esas cosas sin llegar al extremo, es un modo de calentamiento, así entrenamos para el gran día, cuando luchemos contra... Escorpio.

—Entiendo, otra pregunta, Venus. Me dijo Leo que yo podía tener hasta tres poderes, solo he descubierto dos, pero eso no importa, lo que quiero decir es, ¿cuál de los dos uso? Porque los dos no podré usar...

—Me alegro de que solo te falte uno. Y sí, solo puedes usar uno, así que elígelos bien, ¿cuáles posees, Luna? Leo solo nos dijo el del fuego.

—La luz.

—¡Qué guay! —interrumpió Libra.

—Usa el fuego, es un elemento mejor para lo de ahora, la luz guárdala para otra ocasión, bueno, es mi opinión.

—Te haré caso.

—Suerte entonces —sonrió y siguió viendo el combate.

—Va ganando Leo, como de costumbre... —dijo Libra mientras ponía los ojos en blanco.

Unos minutos después...

—¡Virgo cayó! El ganador de esta ronda es... ¡Leo!

—Bueno, Virgo, ya que has perdido coge dos papeles.

Virgo metió la mano en la bolsita y salieron los dos nombres siguientes.

—Libra contra... ¡Venus!

—Otra vez nos toca competir, ¡a por todas!

—Esta vez no ganarás, Venus, te vas a enterar.

Comenzó otra competición entre la sirena y el ángel.

—¡Te vas a enterar, guapita de cara!

—Eres pequeña pero... muy fuerte.

—Ya lo sabía, Venus, vas a saber lo que es bueno.

Comenzaron a pelear, Venus, lanzando contra el suelo

a Libra con sus tornados, también la atacaba con tormentas de arena y fuertes ventiscas. Libra contraatacaba con tsunamis y lluvia ácida.

—Eres más fuerte cada día pero no me ganarás.

—Quién sabe, las cartas pueden cambiar.

—Lo siento, Libra, pero no estás a mi nivel todavía.

Venus la lanzó por los aires con un tornado, Libra estaba dando vueltas y no podía atacar, Venus empezó a dar puñetazos al tornado, el cual le hacía llegar a Libra los puñetazos provenientes de su contrincante.

—El elemento no lo es todo, Libra, tienes que aprender para... ¡la próxima vez!

Libra cayó al suelo fuertemente y perdió.

—¡Vaya, pensé que te ganaría!

—Otra vez será. Lo has hecho muy bien, Libra, te felicito.

—Lo mismo digo, Venus, ha sido un placer.

—La ganadora es... ¡Venus!

Libra se retiró y le dio el permiso para coger el papelito a Venus ya que ella lo había cogido en la primera ronda.

—Veamos, ahora le toca a... Luna contra... ¿mí?

—Vaya, Fuego contra aire, ¿quién ganará?

—Suerte, Luna, es tu primer combate, seré menos dura.

—No, sé como eres, así aprenderé mejor.

—Está bien, tú lo has querido.

LA FLOR DE CRISTAL

Empezamos el combate, yo imitaba un poco a Leo, bolas de fuego, llamaradas... pero no podía hacerlo con esa misma intensidad, para poder atacarla con más fuerza tuve que pensar en cosas que me cabrearan de verdad y así hice, pero no me sirvió de mucho, porque perdí.

—Uf, por qué poco —dijo Libra—. Casi te gana, Venus. Estás perdiendo dotes.

—Acabo de luchar contra ti, estoy más cansada, pero ni eso ha podido conmigo.

—Muy bien, Venus, has estado genial, ha sido un placer competir contra ti.

—Lo mismo digo, Luna, lo mismo digo.

—Bueno, ya solo quedan los que dije yo, Venus y Leo.

—Sí, bueno, ¿quién ganará esta vez?

Venus y Leo comenzaron muy fuertemente. Ninguno de los dos se rendía, cada vez luchaban con más fuerza hasta que uno de los dos se rindió, no porque hubiera perdido, sino por el tiempo que estaban echando.

—Me rindo —dijo Leo.

—¿Y eso?

—Llevamos mucho tiempo así, nos podríamos tirar horas, creo que quien se merece ganar es ella, ha peleado tres veces seguidas y sigue intacta, se merece ganar ella.

—Bueno, pues entonces, la ganadora final es... como siempre... ¡Venus!

—Ha estado bien, tenemos que repetirlo, en fin, ahora tenéis que hacer lo que yo os pida. ¿No era así?

—Sí.

—Pues... Libra, Virgo y Luna, tenéis que traerme una flor de cristal, ese será mi premio por ganar y Leo se quedará conmigo para darme un masaje en la espalda y hacernos la cena. ¿Os parece bien?

—Sí, pero... la flor de cristal es muy difícil de encontrar, Venus.

—Todo lo que la ganadora pida. Así que traédmela, me la merezco, ¿no? Ahora tenemos a alguien que nos puede ayudar mejor...

—Sí, Venus, tranquila, te la traeremos. Pero esa flor será para todos, ¿vale?

—Me parece una buena idea, gracias, chicos, bueno, venga, aquí estaremos.

Venus y Leo se quedaron en el Lago de Cristal, mientras Virgo, Libra y yo fuimos en busca de esa flor.

—Chicos, ¿qué es la flor de cristal? Lo siento por ser tan estúpida con las preguntas.

—No eres estúpida, si no lo sabes es normal que preguntes.

—La flor de cristal solo la pueden encontrar los magos como nosotros, la gente humana no puede apreciarla, es una flor con los pétalos alargados, como hojas afiladas, tiene un color blanquecino como el hielo, es brillante como el cristal y luce como la luz.

—¿Y para qué sirve?

—Para proteger a quien la posee.

—¿Y cómo es que no tenéis una?

—Es muy difícil de encontrar y solo se encuentra cuando un elemento puro la busca.

—¿Elemento puro?

—Sí, quien posee fuerza suficiente para poseer más de un poder.

—Esa eres tú, Luna, por eso Venus te ha mandado con nosotros en su búsqueda.

—Oh, bueno, pues os ayudaré con mucho gusto.

—Gracias, Luna, eres genial.

—No exageres —reí.

—Oye, Virgo, ¿por qué no le dices nada a Venus?

—¿Eh?

—No disimules.

—No sé qué quieres decir, Luna.

—Venga, Virgo, no te hagas el tonto, sabes perfectamente qué te quiere decir.

—Bueno... vale, sí sé qué quiere pero... no, no le digo nada.

—¿Por qué?

—Porque está con Leo, son el chico y la chica perfecta, ¿cómo se va a fijar Venus en mí?

—Pues siendo tú mismo, así seguro que se fija en ti.

—Pero yo no soy tan guapo como Leo.

—¡Sí, lo eres, Virgo! Y encima tienes buen tipo, me parece muy mal que te lo tenga que decir una cría como yo.

—Libra tiene razón. Leo tiene el mismo tipo que tú, aunque creo que es un poco más mayor, quizás por eso a Venus le atrae más. ¿Cuántos años tienes, Virgo?

—Yo tengo diecisiete pero dentro de poco tengo que cumplir los dieciocho.

—Y Venus tiene diecinueve ¿no?

—Así es. Los cumplió en abril.

—Bueno, pues tú no te preocupes por eso, pero claro, si Venus es como la mayoría de las chicas, le atraen mucho más los que son más mayores que ella.

—Sí, pero bueno, Virgo, tú no te preocupes por eso, nunca es tarde para nada.

—Gracias, chicas, os lo agradezco mucho, oye, Luna, ¿tú estás por Leo, verdad?

—Sí... pero prefiero no pensar en eso ahora, estoy muy bien con mis amigos —sonreí.

—Di que sí, Luna, es lo mejor que se puede hacer.

—Venga, dejémonos de cháchara y continuemos que si no jamás la encontraremos.

Comenzamos a buscar aquella flor por el borde del lago, pero no obtuvimos resultado, continuamos adentrándonos más al bosque, cada vez más y más hasta que llegamos a un punto en el que la luz era más difícil de concebir ya que las copas de los árboles eran enormes y tupían toda la entrada del sol en el bosque.

—Puff, llevamos unas dos horas andando, estoy muy cansada.

—Venga, Libra, tranquila, no creo que nos falte mucho.

—Luna, no sé yo pero cada vez hay más oscuridad y... yo soy más pequeña que vosotros y tengo miedo.

—Venga, Libra, dame la mano yo cuidaré de ti.

—Oh, gracias, Virgo, te debo una —sonrió tímidamente Libra.

—Venga, chicos, un poco más y si no obtenemos resultado le diremos a Venus que otro día la buscaremos.

—¿Tantas ganas tienes de cumplir lo que te ha pedido Venus?

—No, pero si esa flor nos protegerá, yo creo que es mejor que la encontremos.

—Tienes razón, Luna, venga, Libra, no te rindas.

—Vale, vamos.

Estuvimos descansando un rato en una piedra grande y esbelta que había perdida en aquel frondoso bosque, después reanudamos el camino buscando la flor que nos ayudaría a destruir al causante de la muerte de mi padre.

—Vaya, ahí adelante hay más luz, vamos hacia allá.

—Vale, vayamos.

Corrimos hasta la luz, estábamos cansados de andar en oscuridad, que la ilusión de ver algo de claridad fue estremecedor.

—¡Mirad, chicos!

—¿Qué pasa, Luna?

—Mirad al frente.

Todos miraron a donde yo señalaba, había dos estatuas de mármol, una era una mujer y otra era un hombre, pero la mujer era como una especie de sirena la cual se parecía mucho a Libra y el chico era una especie de hombre toro.

—¿Qué es esto? —pregunté.

—Nunca lo había visto si te soy sincero, Luna.

—Es verdad y eso que estamos aquí muchas veces.

—Entremos, a lo mejor la flor de cristal está ahí dentro.

—Sí, entremos.

Entramos entre las dos figuras de mármol puestas cada una en un pedestal y allí, tras las figuras, había una entrada, una entrada como la de los laberintos, claro estaba que aquello sería un laberinto.

—Seguro que se encuentra aquí.

—¡Pues vamos a buscarla!

—Pero chicos, en los laberintos siempre hay algo malo, un minotauro o algo, me da miedo.

—Venga, Libra, no pasa nada, no creo que haya nada, vamos.

—Virgo tiene razón, esto no estaría tan luminoso y tan bien cuidado si hubiese un minotauro asesino por aquí rondando, esos bichos pasan de todo y esto estaría destrozado.

—Vale, entonces vamos.

—¡Bien!

Nos adentramos, fuimos dejando marcas en el suelo para no perdernos, iba dejando quemaduras, manchas negras en aquel suelo arenoso.

—Así no nos perderemos —dijo Virgo—. Gracias, Luna.

—No me lo agradezcáis, venga, se hace tarde, chicos.

Andamos y andamos, siempre quemando el suelo, dejando huella para poder volver, cada vez nos adentrábamos más en aquel laberinto tan frondoso e iluminado pero cada vez se cerraba, pero eso no nos importaba, tuvimos un silencio incómodo hasta que de repente...

—¡Virgo, Luna, mirad! —gritó Libra.

—Eso... eso es...

EL LABERINTO

—La flor de cristal...

—Es... preciosa.

—Chicos, vamos a cogerla.

—Sí y démonos prisa, ya está oscureciendo.

Corrimos hacia aquella preciosa flor, estaba en la cima de la fuente que había en el centro del laberinto, una fuente preciosa, como la flor, la fuente parecía de cristal e incluso creímos que la flor nació de la fuente porque tuvimos que arrancarla como una flor cualquiera del suelo.

—Es preciosa... —susurré.

—Nunca vi semejante belleza...

—Es más bella que Venus —rio Libra burlonamente.

—Esa ha sido buena —reí.

—Bueno, ya debemos irnos, está oscureciendo muy rápido.

Nos fuimos con la mirada fija en la preciosa flor, la fuente resonaba con sus aguas en nuestros oídos, una melodía simple pero perfecta, sobre todo sabiendo que se hacía con gotas de agua, una tras otra, cayendo con fuerza sobre la base de la espléndida fuente.

—Es increíble que la hayamos encontrado, tanto tiempo buscándola...

—Tienes razón, y encima este lugar, este laberinto, nunca lo habíamos encontrado.

—Más vale tarde que nunca, ¿no?

Anduvimos por el laberinto intentando encontrar la salida, pero teníamos un problema, las quemaduras del suelo con la oscuridad no se podían apreciar, entonces comenzamos a andar en círculos una y otra vez...

—Luna... no es por nada pero... tus quemaduras no se ven... estamos dando vueltas a lo tonto.

—Ya lo sé —fruncí el ceño.

—Leo dijo que tenía otro poder, la luz, ¿no es así?

—¡Oh! Es verdad... no me acordaba... está bien, ya sé por donde vas, vamos allá.

—Concéntrate, Luna.

—Creo que ya está... un poco más...

Respiré fuertemente y cerré los puños cuando de repente mis manos comenzaron a abrirse poco a poco y de ellas salían destellos de luz.

—¡Bien, Luna!

—Ahora solo enséñanos el camino.

—Tranquilos, pronto saldremos, os lo prometo.

Anduvimos con luz en aquella oscuridad espesa, incómoda, nos sentíamos observados y en más de una ocasión, Libra afirmó haber visto una figura con ojos rojos.

—¡Virgo, mira!

—¿Qué pasa?

—Ahí está, esa cosa de ojos rojos —susurró y señaló hacia delante, donde supuestamente estaba aquella figura extraña.

—No veo nada, Libra, seguro que es todo producido por el miedo.

—¡No es verdad!

—Venga, Libra, no hay nada allí, no nos hagas perder los nervios... —interrumpí bruscamente.

—Virgo, silencio —le dije mientras le agarraba la mano a Libra para que viese que la protegía.

—¿Qué pasa, Luna?

—Libra tiene razón, ahí hay algo o alguien...

—¿Qué, dónde?

—Pues ahí... —señalé donde habíamos visto Libra y yo aquella figura, pero ya no estaba.

—¿Ves?, no hay nada, Libra, has metido miedo a Luna, muy bien, di que sí, seguro que ahora iremos mucho mejor.

—Pero es que es verdad, Virgo, había algo.

Algo se movió a nuestras espaldas.

—Hola, chicos.

Dijo una voz grave y ensordecedora.

—¿Quién anda ahí?

Libra me agarró con fuerza y Virgo se sobresaltó muchísimo.

—Luna, tengo miedo.

—No tengas miedo, Libra, no pasa nada.

—Vaya, tenemos una valiente —vaciló la figura.

—Luna, ilumina por favor, no vemos nada, por favor Luna... —suplicaba en susurros Virgo.

—Eso intento pero no puedo... no lo consigo...

—¡Por favor, Luna!

La luz salió de mis manos con una fuerza increíble, alumbrando todo y dejando al descubierto aquella figura de voz tétrica.

—Veo que sois más fuerte de lo que pensaba... —dijo la figura.

—Eres... un...

—Centauro, sí, qué pasa, ¿os doy miedo? —rio.

—¿Qué quieres, por qué nos asustaste de ese modo?

—Porque no os puedo dejar salir de aquí.

—¿Qué? ¡No hemos hecho nada malo!

—Sí lo habéis hecho, queréis destruir a Escorpio y eso no se lo perdonamos a nadie.

—¿Cómo? Es el que ha creado todo el mal del mundo, ¿estás con él?

—Sí, él fue el que me dio vida y yo no voy a dejar que le quiten a él la suya.

—¿Cuántos más hay como tú?

—Eso qué más da, somos muchos, pero si tenéis esa flor que pertenece a mi hogar, no podremos con vosotros, lo siento, pero debéis devolvérmela.

—No.

—¿No? Pues entonces... Lo voy a sentir mucho porque ¡tendré que arrebatárosla!

—¡AHH! —gritó Libra—. ¡Suéltame, me haces daño!

—Vaya, creo que ahora mismo una amiga vuestra necesita ayuda, qué pasaría si... ¿apretase más su elegante garganta?

—¡Arg!

—¡Suéltala, centauro!

—Prefiero que me llamen por mi nombre, Tauro.

—¡Oh! Virgo, tiene un nombre como los nuestros, ¿qué ocurre? Él debería ir en nuestro bando... ¿cómo puede ser esto?

—No lo entiendo, Luna, pero lo primero es ayudar a Libra, luego ya veremos cómo cargarnos al tío este y ver por qué no es de los nuestros.

—Tenemos que matar... —pensé—. No era capaz de hacer algo así...

—Devuélvenos a Libra, no le hagas daño, solo es una niña.

—Está bien, no haré nada que pueda causarle daño a esta joven pero a cambio tendréis que entregarme la flor de Cristal.

—Lo siento, te dije desde el principio que no te la daría.

—Entonces no podré cumplir lo que me has pedido, la chiquilla pagará por tu egoísmo.

—¡No! Por favor, no hagas nada, ella no tiene culpa, por favor, Tauro.

—Lo siento, Luna, si no hay flor, no hay supervivencia.

—Virgo, debo entregarle la flor.

—Luna, no lo hagas, esa flor es nuestra única esperanza.

—¡Pero Virgo, va a matar a Libra!

—Este ser odioso no se saldrá con la suya, te lo prometo, Luna.

—¿Qué vas a hacer, Virgo? No cometas locuras.

—Protege la flor, Luna, huye, así podremos distraer a Tauro y podré ayudar a Libra.

—¿Quieres decir que le entretenga, verdad?

—Sí... Es la única forma de ayudar a Libra, tú eres la única que puede con la flor, yo no podría llevarla, no tengo poder suficiente.

—De acuerdo.

Virgo se separó de mí lentamente para no levantar sospecha, pero parecía que Tauro ya se olía algo sobre lo que tramábamos, pero luego vimos que no fue así.

—Una, dos... —dijo en voz baja Virgo— y... ¡tres! ¡Corre, Luna!

—¡Sí!

—¿Qué? No escaparás, ¡y menos con la flor!

Tauro comenzó a correr detrás de mí dejando a Libra en el suelo bruscamente.

—¡Crash! —crujió algo bajo Libra.

—¿Qué ha sido eso? Libra, despierta, tenemos que ayudar ahora a Luna.

Libra no respondía.

—¡Libra, por favor despierta!

—¿Eh?

—Oh, menos mal...

—Me duele...

—¿Qué te duele, Libra?

—La muñeca derecha...

Libra cayó sobre su mano derecha impactando tanto que la muñeca se rompió.

—¿No puedes moverla, Libra?

—Sí, pero solo un poco, parece que es un esguince.

—Bueno, intenta levantarte, tenemos que ayudar a Luna.

—Gracias por ayudarme.

—De nada, ahora es ella la que necesita nuestra ayuda.

Libra se levantó con ayuda de Virgo y a los pocos segundos comenzaron a andar y poco después a correr, estaban buscándome desesperadamente, pero no hallaban ni rastro mío ni de Tauro.

—¿Dónde estás, Luna?

¿TE QUIERO?

—Venus, ¿no crees que están tardando mucho?

—La verdad es que sí... ya ha oscurecido, ¿crees que hice mal en decirles que fuesen? Son los más debiluchos...

—Luna es fuerte, si ha pasado algo creo que podrá protegerlos.

Venus puso los ojos en blanco insinuando que Leo no tenía razón.

—¿Me equivoco?

—Puede.

—Venga ya, no me digas que estás celosa de Luna —rio Leo.

—Claro que no.

—¿Seguro?

—Qué preguntas más absurdas haces a veces, Leo.

—O sea que tengo razón, miss perfecta tiene envidia de Luna, increíble.

—¿Algún problema con eso, señorito?

—No, ninguno.

—Así me gusta.

—Qué tonta eres, Venus —rio.

—Mira quién fue a hablar —respondió sonriente—. Te quiero, Leo.

El chico fue directo al lago de cristal, se metió solo hasta los pies, chapoteando suavemente, tenía la cabeza en otro sitio, estaba muy pensativo.

—Leo, ¿te encuentras bien?

—¿Eh? Oh, sí, no te preocupes por mí.

—Claro que me preocupo, eres muy especial para mí, ¿cómo no me iba a preocupar por ti?

—No sé...

—Leo, estás raro, dime qué te pasa, ¿te sienta mal que les mandase a por la flor? Sé sincero.

—No, no me molesta, solo estoy un poco preocupado por ellos.

—¿Por ellos? ¿O quizás más bien por ella?

—¿Por Libra?

—No te hagas el tonto conmigo, Leo, te conozco muy bien.

—Vale, lo siento, Venus.

—Sé qué sientes por ella y lo que estás haciendo ahora es algo precioso.

—¿Hacerle daño? No me parece lo más justo, ella lo ha pasado mal, mi madre vio que había roto con su novio hace poco y estaba hecha polvo y ahora yo voy y le hago daño igualmente.

—Pero tú lo has hecho por ella.

—Ya, pero eso ella no lo sabe.

—La que debería estar mal soy yo, por ayudarte. Ahora ella me tiene entre ceja y ceja y yo a ti te quiero de verdad.

—Lo siento, Venus, gracias por ayudarme...

—Por un amigo se hace todo... ojalá pudiésemos volver a ser como antes, tú y yo, inseparables...

—Todo cambia, Venus, pero no te preocupes, seguro que encuentras a alguien, recuerda que eres la chica perfecta.

—Pero de qué me sirve ser perfecta si no puedo tener a la persona que más quiero a mi lado.

—El amor es así, pero por mucho que duela, siempre hay salida en esa oscuridad.

—Ojalá pudiese creerte, Leo.

—Claro que sí, ya me lo dirás.

—Eso espero...

—Tienes miedo ¿verdad?

—Sí, me han dicho tantas veces "te quiero" y luego me han hecho daño que... ya no sé qué pensar.

Leo sonrió.

—Si le cuentas esto a Luna seguro que te llevarás genial con ella, porque Luna ha pasado por lo mismo que tú.

—Algún día hablaremos sin rencor —le devolvió la sonrisa.

—Bueno, de momento sigamos con el plan, cuando quieras puedes dejarlo, no quiero que sufras, Venus.

—¿Por quién me has tomado?

—Bueno, tú verás.

—Venga, Leo, sigamos adelante.

—Gracias, Venus —sonrió de nuevo.

Hubo un silencio incómodo y Venus rompió afortunadamente aquello.

—¿Vamos a buscarles?

—Creo que será lo mejor.

—Pues en marcha.

Venus intentó levantarse y Leo la ayudó extendiéndole la mano.

—Busquemos rápido, tengo un mal presentimiento, Venus.

—Luna será capaz de cuidar de ellos... ¿será así?

—Menos cachondeo, guapa.

—Gracias por el cumplido, cielo.

—Venga, vayamos en aquella dirección —señaló en dirección al laberinto.

—Está bien.

Anduvieron como una pareja feliz, debían ir así porque si les veía debería creer que estaban juntos de verdad.

—Leo.

—Dime, ¿qué ocurre?

—Este laberinto... nunca ha estado aquí...

—Es verdad. ¿Cómo ha aparecido aquí?

—No lo sé pero mira.

Miraron al suelo y vieron una quemadura de las de Luna.

—Luna...

—Han estado aquí.

—Deberíamos pasar.

—Leo, deja que vaya volando y revise por lo aires, terminaré antes.

—Pero no hay luz, no verás bien.

—Pues te daré alas, así podrás ayudarme.

—Sí.

Venus se concentró y formuló unas palabras, de repente de la espalda esbelta de Leo surgieron unas preciosas alas.

—Vamos, solo durarán un corto período de tiempo.

—¿Cuánto?

—Quince minutos.

—Puff, está bien, aprisa, Venus.

Comenzaron a volar sobre el laberinto y no veían nada, hasta que de pronto...

—¡AH!

—Oh Leo, es Luna.

—¿Qué?

Miraron donde provenía el grito y descubrieron a Tauro acorralando a Luna.

—¿Quién es...?

—No lo sé, pero me apuesto algo a que va con Escorpio.

—Ayudémosla.

—Oye, Venus, ¿dónde están Libra y Virgo?

—Con que Luna les protegería ¿no?

—Basta ya, ve a buscarles, yo ayudaré a Luna.

—Vale, ten cuidado, Leo, te quiero.

—Suerte, Venus.

Leo fue rápidamente hacia el lugar donde se encontraban Tauro y Luna.

—Dame la flor, Luna.

—Lo siento, Tauro, pero la flor se queda conmigo.

—Qué cabezota eres, si me la das saldrás ilesa.

—Lo siento, prometí llevársela a una amiga, no puedo hacerlo y menos si vas con Escorpio.

—Prefieren que le llamen Rey Escorpio.

—Para mí no es nadie, solo un insensible y un estúpido.

—Estás acabando con mi paciencia jovencita.

—Déjame.

—No, dame la flor.

—¡Ni hablar!

—Pues te las verás conmigo.

Tauro comenzó a gritar fuertemente y comenzó a transformarse en algo más grande, todo su cuerpo creció, daba un miedo increíble, todo mi cuerpo temblaba, no era capaz de usar mis poderes porque el miedo me tenía consumida.

—Lo siento mucho, Luna, tendré que destrozarte esa preciosa cara tuya.

Tauro se abalanzó sobre mí y me estampó contra el muro que había detrás.

—Me... me haces daño.

—¿De veras? Entonces vamos por buen camino.

—Por... por favor, Tauro, déjame.

—Te dejaré si me das la flor.

—Lo siento... no puedo.

—Entonces sufre las consecuencias, a no ser que me supliques que te deje en paz.

Esto me recordaba mucho a lo que me sucedió con mi tío, pero no podía enfurecer y contraatacar con mis poderes y mi rabia, tenía que proteger la flor y si perdía los estribos también podría perder la flor, solo tenía que esperar.

—Veo que tus amigos te han dejado sola.

—No, ellos vendrán a ayudarme.

—¿Qué te hace pensar eso?

—Son buena gente... no como tú.

—Mmm eso me ha dolido, eres una maleducada.

Tauro cada vez me apretaba más la mano al cuello dejándome sin respiración y acercaba su rostro al mío con movimientos sinuosos.

—¿Luna, no puedes respirar?

Yo balbuceaba intentando decir algo pero no podía.

—Qué pena, dentro de poco ya no estarás aquí, bueno, quizás sí, solo si me das la dichosa flor de una vez.

—...jamás —conseguí decir.

Tauro apretó un poco más su mano a mi garganta levantándome del suelo.

—Suéltala.

—Esa voz... —pensé— es de... Leo.

—Vaya, Luna, veo que tienes visita.

EL FUEGO DEL DRAGÓN

—Leo, ayúdame por favor —susurré.

Tauro me miró y luego comenzó a hablar de un modo burlón.

—Veo que te llamas Leo.

—Así es. Suelta a Luna.

—Luna sabe qué tiene que hacer para que la deje en paz, ¿verdad, Luna?

—¿Luna, qué tienes que hacer?

—Darle la flor de cristal.

—¿La habéis conseguido? —dijo—. Muy bien hecho, Luna —pensó.

De pronto, Leo comenzó a quejarse, eso fue provocado por que las alas que Venus le dio estaban en las últimas.

—Leo, ¿y esas alas, cómo lo has hecho si tú tenías el fuego?

—Venus me las dio.

—Es verdad, el aire...

—Bueno, parejita, ya basta de cháchara, ¡dame la flor de una vez!

—¡NO!

Tauro me empujó fuertemente contra el suelo y mi impacto sonó de una forma exagerada, un dolor me invadió el cuerpo.

—Arg —gruñí.

—Venga, Luna, dame la flor, estoy teniendo mucha paciencia contigo, no me hagas enfadar más.

Las manos de Leo comenzaron a arder vivamente y agarraron a Tauro por el cuello y lo levantó llevándolo muy arriba ya que Leo tenía alas, que desgraciadamente no le durarían mucho tiempo más.

—No sabes con quién te estás metiendo, chaval.

—Ni lo sé ni me importa, deja en paz a Luna, a ella y a todos; ah y por cierto, la flor se queda con nosotros.

Comenzaron a pelear, una tormenta se desató, todo el cielo estaba negro como el tizón, todo se iluminada por los truenos insonoros y el fuego de Leo, aquello parecía un combate y uno de ellos, Leo, parecía la reencarnación del mismísimo dragón rojo, el más fuerte, el que mayor poder poseía, era algo fantástico e increíble.

—¿No puedes hacerlo mejor? —vaciló Leo.

—Si lo hago mejor te mataría de un golpe y quiero divertirme un poco.

—Eso ya lo veremos.

Tauro lanzó a Leo en dirección del suelo, éste se estrelló fuertemente e hizo que Leo gimiera de dolor.

—¿Ves, Leo? Ahora me estoy empezando a divertir, viendo cómo sufres tú y tus seres queridos, ¿verdad, Luna?

Me sobresalté.

—Cállate, sabes que vas a perder, somos mucho más fuertes que tú.

—¡Ja!

—Eso es verdad, Tauro, somos mucho mejores que tú —dijo la voz de Virgo tras de mí.

—Soñar no es malo, chiquillos insensatos, sois cuatro contra uno y aun así os ganaré.

—Te equivocas, Tauro, somos cinco contra uno y es una injusticia pero lo sentimos mucho —dijo Venus entre la oscuridad de la noche.

—¡Ya estamos todos!

—Pues, ¡a por él!

Tauro se tambaleó comido por el miedo, tenía miedo de ser destruido para siempre.

—Vamos, Leo, tenemos que destruirle.

Leo se levantó y asintió. Nos pusimos alrededor suyo, cada uno en un lado, Tauro no sabía quien atender primero, miraba rápidamente a todos con movimientos de cabeza bruscos.

—Lo sentimos, Tauro, pero este es tu fin.

Nos lazamos todos a por él con un furia increíble, cuando de repente vimos que Tauro no estaba en el centro de nuestro círculo, se había esfumado.

—¿Dónde está? —dije.

—Detrás de ti, Luna Black.

—¡AH!

—¿Pensabas que me iría sin la flor?

—¡Luna! —gritó Libra—. Tenemos que ayudarla.

Venus se preparó para lanzar un hechizo de los más fuertes para destruir a Tauro de un solo golpe.

—Venga, Venus, hazlo, pero ten en cuenta que si me matas destruirás a la flor y a Luna, aunque ella a ti no te importa ¿no?

Miré fijamente a Venus pero ella apartó la mirada.

—Vamos, Venus, sé que lo estás deseando, mátame, mátanos.

La chica se agarró la cabeza, tenía un pitido estruendoso en los oídos que zumbaban cada vez más fuerte.

—¡Para, Tauro! —susurré—. No le hagas nada, te doy la flor si dejas de hacer daño a Venus y a mis amigos.

—¡Oh! Qué buena oferta, ¿me darías la valiosa flor solo por tus amigos?

—Sí.

—¿Incluso por alguien al que no le importaba matarnos a los dos?

Venus se estremeció.

—Sí.

—Está bien, dejaré a tus amigos.

La chica perfecta se levantó del suelo, ya que estaba de cuclillas por el zumbido de los oídos.

—Ya está, así que dame la flor.

—Suéltame y te la daré.

Tauro me soltó suavemente.

—Ya he cumplido con mi parte del trato, ahora tú.

—¡Luna, no lo hagas!

Estiré el brazo hacia la gran mano de Tauro que estaba desesperado por poder tener la bella flor en sus zarpas.

—¡Luna!

No me inmuté por sus llamadas.

—¡LUNA! Detente.

—Lo siento, debo cumplir lo que he prometido.

—Es un farsante, cuando tenga la flor nos hará daño igualmente.

—No les creas, Luna, tú y yo nos entendemos, no tengo por qué mentirte.

Cuando la mano de Tauro y la mía estaban a escasos centímetros alguien me agarró por detrás y tiró de mí fuertemente.

—¿Qué haces, Leo? —enfurecí.

—Te está engañando, Luna, no le hagas caso.

Me separé de Leo y fui hacia Tauro.

—¡Luna, no me hagas quitarte la flor!

—Déjame.

—Te dejas influir por todo el mundo, ¿y crees que así podrás contra Escorpio?

—¡Soy la que más poder puedo llegar a tener así que cierra la boca!

—No te pareces en nada a tu padre...

—¡NO MENCIONES A MI PADRE!

Me di la vuelta y me tiré contra él enfurecida.

—No eres nadie para mí, Leo, solo un farsante que ha jugado conmigo, olvídame, es más, ignórame, para mí es como si no existieses.

Leo guardó silencio.

—No sabes todo lo que he hecho por ti...

—Ya, claro, ahora hazte el importante Leo.

—Luna, piensa un poco, por favor...

Le interrumpí.

—¡Que te calles! No quiero oírte más, ¡te odio, Leo! ¡TE ODIO! —sollocé.

Leo me miró con rabia y dolor.

—¿Sí? Pues nada, olvídame si es lo que prefieres pero que sepas que yo nunca pretendí hacerte daño.

—No quiero oírte más, Leo, no sabes el dolor que me estás causando y no voy a dejar que se rían de mí otra vez.

—Luna, por favor.

—Para mí estás muerto, Leo.

Todos se asombraron.

—Eso me ha dolido, Luna, no me esperaba eso de ti... —lloró.

Le ignoré y me acerqué a Tauro que estaba con una gran sonrisa en la boca, todos los demás miraban atónitos a aquel espectáculo.

—Aquí la tienes, Tauro.

Extendí la mano y Tauro agarró la flor, acto seguido yo la solté.

—Veo que Leo tenía razón, Luna —rio.

—¿Eh?

Todos se pusieron en posición porque se temían lo peor.

—Te dejas influenciar, no tienes personalidad, estás hecha polvo, dolida por dentro, sin fuerzas de seguir.

Apreté los puños y mis dientes chirriaron.

—Siento mucho por todo lo que has pasado, eres buena persona, pero esto no acabará así, siempre alguien debe pagar por algo y esta vez la que pagará por todo esto serás tú.

Tauro lanzó una gran bola de oscuridad contra mí, solo me dio tiempo a cerrar los ojos y cubrirme la cara con las manos, a mi alrededor escuche las últimas palabras de mis compañeros.

—¡Luna, apártate!

—¡No! ¡Luna!

Choqué contra el suelo, pensé que era mi fin, pero me equivoqué.

—¡Luna! ¡Leo!

Abrí los ojos poco a poco. Vi el rostro de Leo sobre mí, noté su cuerpo abrasador, sus ropas rotas y sus ojos llorosos.

—¿Leo? —pregunté.

Nadie contestó.

—¡Leo! —le moví los hombros queriendo obtener una respuesta—. ¡LEO, CONTÉSTAME!

Vi a Venus con sus bellas alas y una gran espada que atravesaba a Tauro de lado a lado.

—Se acabó, Tauro, tú le has matado pues nosotros te hemos matado a ti.

Al oír eso recapacité y relacioné aquello con la persona que hacía unos instantes odié de verdad.

—Oh, dios mío, ¡Leo!

Me levanté con ayuda de Libra y agarré a Leo.
—Levántate por favor —lloré.
Libra lloraba en el hombro de Virgo.
—Venus, dime que Leo no está... —tartamudeé.
—Luna... él lo a hecho por ti, porque él te quería.
—¿Qué? Él estaba contigo Venus...
—Solo estaba conmigo para no hacerte sufrir, no quería que te distrajeses con él.
—Entonces él... ¿él me quería?
—Así es, Luna.
—Leo... ¡despierta! —grité llorando como nunca—. Perdóname, Leo, por favor perdóname.

DESCANSA EN PAZ...

—Luna, dime que Leo está bien... —me dijo Libra llorando.

—Ojalá fuese así, Libra, ojalá.

—Venga, tenemos que salir de aquí.

—¡¿Pero cómo vamos a dejarle aquí?! Qué dirá su madre cuando sepa que...

—Su madre sabe qué era Leo, ya sabía que estaba en riesgo en todo momento.

—¿Cómo pude decirle esas cosas a Leo?

—El orgullo quizás, la ira... todo, Luna.

—Jamás podré perdonarme esto, Venus.

—Él te quería, Luna, y el sabía que tú a él también.

—Pero no se lo demostré, solo le eché en cara cosas que no eran verdad, solo tenía celos de ti y de él, me dolía que estuviese contigo...

—Luna, tranquila, seguro que eso lo sabía, por favor no llores más.

—¡¿Cómo no voy a llorar?! —grité—. ¡Es la segunda persona que pierdo por esto! Odio los poderes, ¡no quiero saber nada más de éstos!

—No digas eso...

—¿Cómo pude decirle esas cosas tan horribles? ¡¿Cómo pude desear que estuviese muerto?!

—No lo sabemos, Luna, tus pensamientos, estabas muy dolida por él, a veces las cosas que se dicen no son en realidad lo que sentimos por mucho que queramos que sea así.

Grité muy fuerte una y otra vez, grité y grité hasta no poder más.

—¡LEO, VUELVE! —lloré desconsoladamente.

—Venus... la flor —señaló Libra al suelo donde yacían los cuerpos de Tauro y Leo.

—Oh no... se ha... roto...

La flor estaba hecha mil pedazos en el suelo y nuestra esperanza se fue, no teníamos bastante con lo de Leo que ahora teníamos que enfrentarnos contra Escorpio sin la flor.

—Todo es una mierda —refunfuñó Virgo—. Si hubiésemos ayudado a Luna antes de que llegase Leo... todo estaría bien ahora... todo es por mi culpa...

—No es así, Virgo, no tienes culpa de nada, la culpa es solo mía, desde que llegué solo hemos tenido problemas... perdonadme, chicos —dije con un hilo de voz.

—Luna, no es culpa tuya.

—Vayámonos de aquí, pero hagámosle una buena despedida a Leo, es lo menos que podemos hacer por él.

—Me parece bien —asintió Venus cogiendo a Leo y llevándolo hacia nuestro camping volando—. Nos vemos allí, chicos.

Venus voló y nos dejó atrás.

—Yo iré a avisar al padre Charlie para que prepare el funeral.

—Vale, Virgo, nosotras iremos dentro de una hora, haz que avisen a todos. Leo se merece lo mejor.

—Vale, hasta ahora, chicas.

Virgo, al tener el poder de la tierra, podía moverse con mucha velocidad y mucha rapidez al estar totalmente concentrado y ahora era ese momento, Virgo corrió hacia el pueblo y en cinco minutos habría llegado hasta la iglesia de Charlie, el cura del pueblo.

—Vámonos, Libra, Venus nos espera en el camping.

—Sí... pero Luna, ¿qué pasa con Tauro?

—Es un ser odioso, no sé por qué te preocupas por él después de lo que ha hecho.

—Él no tenía culpa de nada... lo tenía controlado Escorpio...

—Déjale, Libra, ahora podrá descansar en paz, Escorpio ya no podrá utilizarle más.

—En sus ojos se veía el dolor, Luna... un dolor profundo de verdad...

Callé y comencé a andar hacia la salida del laberinto.

—Adiós, papá, sé que no eras tú mismo, sé que te tenían controlado pero me alegro de que por fin puedas descansar, sé que algún día nos volveremos a encontrar...

—¡Libra, vamos!

—Te quiero mucho, papá...

Libra empezó a andar y dejó aquel cadáver en aquel lugar que era su hogar, por fin podría estar sin que nadie le molestase, esto era mejor para Tauro, tener la paz eterna.

—Chicas, ya he hablado con Virgo y me ha dicho que Charlie ya está enterado de todo, le ha contado que tuvimos un encuentro con un oso de la zona y Leo no pudo protegerse y...

—Vale... ¿Cuándo será el entierro?

—Mañana por la mañana.

—Está bien.

—Va siendo hora de que volvamos a casa, estarán todos preocupados ya que las noticias vuelan y querrán saber si nosotros estamos bien.

—Sí, volvamos ya.

Volvimos en coche a casa, Venus nos dejó a cada una en casa y en el coche nadie fue capaz de decir nada, todo el camino tuvimos un silencio pero no incómodo, sino un silencio de respeto hacia Leo... y Libra hacia su padre.

—Adiós, mañana a las ocho es el funeral, allí nos veremos —me despedí.

—Hasta luego, Luna y descansa que eres la que más lo necesita...

Libra suspiró.

—¿Estás triste por Leo, no, Libra?

Libra asintió pero lo que más le dolía era que su padre había muerto sin defenderse a sí mismo, había muerto por defender al malévolo Escorpio.

—Bueno, hasta mañana, chicas.

Entré por la puerta de casa y allí me esperaban mi tía y Janette, preocupadas y mi tía con lágrimas en los ojos.

—Luna, ¿estás bien, querida?

Intenté aguantar el llanto y responder pero no pude.

—No... no estoy bien, tía, Leo ha muerto... —lloré.

—Lo sé y no sé qué decir, estoy muy sorprendida y el pobre era tan joven...

—¿Por qué él? Era el mejor de todos, ¡¿por qué ha tenido que morir?!

Mi tía me arrimó a su hombro y la agarré con fuerza, lloraba y lloraba, no podía controlarme, me dolía tanto no haber podido ayudarle... no haberle demostrado que en verdad le quería...

—Perdone, señorita Black, pero su madre está al teléfono.

Me aparté poco a poco de mi tía y fui hacia la cocina que era el teléfono más próximo.

—Gracias, Janette.

Descolgué el teléfono y noté que mi madre estaba preocupada, eso significaba que ya sabía que había pasado algo.

—¿Mamá?

—¡Luna! Pequeña, ¿qué tal estás? Dios, ya me he enterado... estoy muy nerviosa, hija, dime que estás bien y dime que el joven chico al final no está...

—Mamá, Leo está muerto, mi Leo está muerto... —lloré de nuevo.

—¿Era tu novio, hija?

—Más o menos... —agazapé la cabeza.

—Lo siento mucho, cielo, estoy de camino al pueblo, desde que estás ahí... estoy más preocupada, primero lo de tu tío y ahora esto...

—¿Lo de ahora sabes por qué ha sido, no mamá?

—Por un oso, eso me han dicho, hija.

—No, mamá, es por Escorpio...

No contestó.

—Mamá... ya sé todo.

—Lo siento por no habértelo contado pero tenía tanto miedo de que te pasase algo malo... no quería perderte a ti también... aunque he estado apunto... maldito Escorpio.

—Me ocuparé de él, mamá, pagará por papá y no es solo eso, también pagará por lo que le ha hecho a Leo, te lo prometo.

—Luna... ten cuidado, no quiero perderte, no lo soportaría... —respiró hondo para no llorar.

—Mamá, tengo que dejarte, estoy cansada y mañana tengo que ir al entierro de Leo...

—Creo que mañana por la mañana podré estar allí, quiero estar en el entierro, ya que no pude ir al de tu padre porque estaba hospitalizada, pobre Leo...

—Gracias, mamá, mañana entonces nos vemos, recuerda, a las ocho en el cementerio del pueblo, al lado del bosque.

—Vale, adiós, hija, te quiero.

—Y yo.

Colgué y me fui directa a mi habitación sin darle las buenas noches a mi tía y a Janette. Entré en mi cuarto y me tiré en la cama, acto seguido rompí a llorar de nuevo, esta vez lloré no por pena por Leo sino por dolor, un dolor que me producía dolor en el pecho, me costaba respirar y no podía dejar de lamentarme por Leo, si me hubiese protegido de Tauro, Leo estaría bien, me repetía eso en mi cabeza una y otra vez.

—¡Leo! —sollozaba—. Jamás me perdonaré esto, jamás podré olvidar el daño que te he hecho, ojalá pudieras perdonarme, te quiero, Leo...

Una luz salió de mí como la otra noche, era mi padre de nuevo.

—Luna, hija, todos debemos perder algo para poder conseguir la felicidad, tu madre me perdió a mí, pero sé que cuando derrotéis a Escorpio podrá ser feliz de nuevo y tú igual, Leo ha tenido que sacrificarse para poder continuar el duro camino, no te lamentes más, sé fuerte y luchad por él, por mí, Leo estaría orgulloso de ti y sé que él sabía que le querías mucho... mi Luna, te quiero, ten cuidado y sé que podrás con Escorpio, ten fuerza, cuídate, adiós, mi niña... descansa.

Dejé de llorar y pude hablar.

—Papá, gracias.

Después de eso mi padre me arropó y me besó en la frente, pude sentir aquellos labios fríos en mi frente pero aun así me parecieron cálidos, como si estuviese vivo.

—Sigue tu camino, preciosa... pronto terminará todo, volveremos a vernos, hija, te quiero muchísimo.

EL RECIÉN LLEGADO

Sonó el despertador a las seis y media de la mañana.

—Hoy es el día... —entristecí nada más levantarme.

Me vestí mejor que nunca, la verdad es que no me preocupé nada en cómo vestirme desde que llegué aquí pero hoy era un día especial.

—Me pondré... esto.

Saqué del armario un vestido negro de tirantes, me puse unos zapatos del mismo color y me recogí el pelo en un moño.

—Hoy todo por ti, Leo.

Bajé a desayunar aunque no tenía muchas ganas, se me había quitado el apetito.

—Buenos días, señorita Luna.

—Oh, me has asustado, no esperaba que hubiese nadie levantado.

—Pues te equivocas, pequeña, nosotras dos también vamos al entierro.

—¿Y el tío Puke se quedará aquí solo?

Mi tía cogió aire.

—A tu tío lo detuvieron el día que te fuiste de acampada, se puso hecho una fiera cuando se enteró de que te fuiste por ahí...

Me sorprendí muchísimo al enterarme de eso pero no me preocupé por el.

—No lo sabía...

—Bueno, se lo merece, el tío estaba mal de la cabeza y después de lo que te hizo...

—Prefiero olvidar el tema.

—Sí, yo creo que será lo mejor.

—Bueno, gracias por venir al entierro.

—De nada, Luna.

Desayuné con ellas como pude, porque como dije antes, no tenía apetito.

—Ya es la hora, vayámonos.

Mi tía cerró la puerta con llave y cogimos el coche, el porche negro. Fuimos todo el camino mirando por la ventana Janette y yo, y mi tía sin decir nada conduciendo, hoy no era un día muy alegre, todo estaba nublado y se pondría a tronar y llover de un momento a otro.

—Ya están Venus y los demás ahí, ahora nos vemos.

Me bajé del coche y cerré la puerta despacio.

—Hola, Luna —me saludaron todos.

—Buenas.

—¿Has dormido algo?

—Sí, un poco.

—Eso está bien.

—Ayer hablé con mi padre, él me ayudó a dormir.

Libra, Venus y Virgo me miraron y recapacitaron, al final recordaron el poder de la luz y vieron que era normal.

—Estás bastante segura, Luna, eres afortunada.

—Depende por donde lo mires —contesté.

—Mirad, ya viene el padre Charlie.

Todo el mundo se puso alrededor de la lápida de Leo, dentro de poco introducirían el ataúd con el cuerpo dentro.

—Se ha puesto a llover... —murmuró Virgo.

—Hoy hasta en el cielo están llorando...

El padre Charlie comenzó a dictar las palabras y todos dieron el pésame a la madre de Leo, me sorprendió mucho ver a Rex dando el pésame pero se notó que se lo dio de verdad, quizás no era tan duro como aparentaba ser.

—Siempre te recordaremos, Leo Wishper. Por favor introduzcan el ataúd.

Agaché la cabeza y me puse a llorar, cuando de pronto alguien me abrazó por detrás.

—¿Eh?

—Hola, Luna.

—¡Mamá! Pensé que no vendrías.

—Aquí estoy, mi vida.

—Gracias por venir.

—No hay de qué.

Me agarré a ella hasta que el Padre Charlie nos dio permiso para retirarnos.

—Bueno, voy a presentarte a mis amigos, mis compañeros.

—De acuerdo.

—¿Chicos? Esta es mi madre, Estrella Lewis.

—Hola —saludaron alegremente.

—Eres de los nuestros ¿no?

—Así es.

—¿Cuál es tu elemento?

Mi madre calló y por fin habló.

—La luz.

—Vaya eso es genial... —Venus recapacitó—, pero... Luna también tiene la luz y no puede haber dos con el mismo elemento...

—Mi poder se cedió a Luna cuando su padre murió porque... yo también debería estar muerta, pero en ese instante poseía la flor de cristal entonces... pude salvarme, pero mi poder ya se estaba reencarnando en Luna.

—Increíble...

—La verdad es que sí.

—Mamá, ¿hay algo más que debas contarnos?

Alguien interrumpió.

—Ella no sé si tendrá algo más que contar pero yo sí.

Todos nos giramos y vimos a la madre de Leo.

—¿Qué debemos saber?

—Que en el pueblo acaba de entrar un recién llegado.

—¿Ha venido a sustituir a Leo?

—Eso todavía no lo sé, pero sé que tiene que ver con vosotros...

—Gracias, señora Wishper.

—De nada, chicos, prometedme que acabaréis con esto, ese tal Escorpio, prometedme que pagará por lo de mi hijo.

—Se lo prometemos.

—Gracias.

Todos nos dimos la vuelta después de darle el pésame y fuimos hacia la playa.

—¿Quién será el recién llegado?

—No lo sé, pero pronto lo sabemos, no sé por qué, pero tengo la sensación de que nos lo encontraremos aquí en la playa, todos acabamos viniendo aquí.

—En eso tienes razón, Luna.

—Pues aquí le esperaremos.

—Luna hija, ten cuidado.

—Lo sé, mamá.

—Bueno, cielo, yo...

La interrumpí.

—Debes irte, ¿no?

—Así es...

—Vale, gracias por venir, mamá, nos veremos pronto.

—No vienes conmigo... ¿verdad?

—No, aquí tengo cosas pendientes.

—Vale... bueno, cuidaos y suerte, lo siento pero yo no puedo ayudar más, os deseo lo mejor.

—Gracias.

—Hasta la próxima.

Mi madre me dio un beso en la mejilla y se fue en dirección al coche, iría a casa de mi tía un rato y luego debía volver al aeropuerto.

—Venus, ¿cuándo y dónde sabremos algo de Escorpio?

—Pronto, lo presiento, cuando aparezca el sustituto de Leo, sé que lo encontraremos.

—Vale, gracias, Venus.

—Tranquila, Escorpio ya sabe que debe tener cuidado con nosotros, sé que ahora nos tiene miedo.

Al poco tiempo vimos a alguien andando por la orilla, era un chico, tenía un pelo como el de Leo pero de otro color, era un color castaño bastante oscuro y unos ojos tan azules que parecían blancos.

—¿Es él?

—Ahora lo sabremos.

—Hola ¿eres nuevo por aquí? —preguntó Libra.

—Sí, acabo de llegar.

—Vaya... ¿has hablado con alguien del pueblo?

—No, me han dicho que había un entierro así que no hay nadie por las calles.

—Sí, el entierro era de un amigo mío, se llamaba Leo.

El chico se sorprendió.

—Es él —me dijo Venus.

—¿Cómo lo sabes?

—Porque se ha sorprendido por el nombre de Leo.

—Oh.

El chico le dio el pésame a Libra.

—Bueno yo soy Libra, encantada —sonrió—. ¿Y tú eres...?

—Neptuno, Neptuno Cloud.

—Bonito nombre —dijo Venus—. Yo soy Venus y ellos son Virgo y Luna.

—¡Hola! —saludamos.

—Veo que me esperabais ¿no?

—¿Ya lo sabías?

—Sí, mi abuela fue Géminis Standfor.

—¿Te contó ella la historia?

—Sí, ella murió hace dos años.

—¿Y por qué has venido aquí?

—Porque ella me lo dijo, me contó que soñaría con una flor de cristal el día que tuviese que partir hacia este pueblo, eso sería cuando se me reencarnaría el elemento.

—¿Cómo sabía tu abuela que eras tú uno de nosotros?

—Lo vio en el lago de cristal.

—¿En el lago, cómo?

—Con lágrimas.

—Lágrimas...

—Sí, lágrimas de cristal, cuando la flor es destruida es muy poco probable matar a Escorpio, pero puedes dar vida a tus seres queridos y mi abuela me dio vida a mí y pidió el deseo de que yo naciese con este don.

—¿Cómo consigues las lágrimas de cristal?

—Siendo tú el único superviviente.

—Muchas gracias, Neptuno, esas cosas no las sabíamos, eres bien recibido aquí.

Venus le estrechó la mano.

—Gracias por aceptarme —dijo Neptuno.

—Lo siento, pero tenemos que ponernos en marcha ya.

—No tengo problema, para eso estoy aquí.

Nos fuimos al muelle a pensar dónde podría estar Escorpio escondido, tenía que ser seguro, en aquel pueblo, ya que todos nos conocimos allí, al final supimos que Escorpio estaba bajo otra identidad, porque si no le hubiésemos descubierto rápidamente pero exactamente... ¿dónde se encontraba?

EL BOSQUE DE LAS ALMAS

—Presiento que está más cerca de lo que creemos.

—Yo pienso lo mismo, pero ¿exactamente dónde se encuentra?

—Nos está tomando el pelo.

—¡Me estoy volviendo loca! —dijo Venus al fin—. Vamos a organizarnos, no os liéis, pensad antes de hablar, se nota que falta Leo...

—Venus, Leo ya no está entre nosotros así que pensemos por nosotros mismos.

De pronto Libra abrió los ojos de par en par, todos nos asustamos pero gracias a ella relacionamos todos los cabos sueltos.

—¡Tauro! —dijo al fin.

—¿Tauro, qué pasa con él?

Libra se mantuvo en silencio, parecía que no quería hablar sobre el tema relacionado con Tauro, pero no podía callarlo más, si hablaba ayudaría a todos, tanto a nosotros como al mundo entero de la maleza de Escorpio.

—Tauro era... —comenzó—. Él era mi padre, mi padre de verdad, los que dicen ser mis padres son mis padres, claro está, pero solo adoptivos.

—No puede ser... pero, si luchamos contra él, encima él te atacó...

—Lo sé, pero estaba controlado por Escorpio.

—Nos lo imaginábamos...

—Bueno, Libra, pero eso ¿qué tiene que ver con Escorpio?

—Que gracias a mi padre y a Leo, sabemos dónde está escondido Escorpio.

—¿Qué tiene que ver Leo con todo esto?

—Que dio la vida por nosotros.

—Se sacrificó por mí... —dije tristemente.

—Así es, mi padre quería sacrificarte a ti para poder guiarnos hacia Escorpio ya que tú eras la nueva del grupo.

—Lo siento, Libra, me he perdido, explícate —exigió saber Venus.

—Mi padre inconscientemente nos hacía daño pero porque estaba controlado por Escorpio, pero conscientemente quería ayudarnos por eso tuvo que sacrificar a uno de nosotros para que Escorpio no supiese que estaba de nuestro lado.

Libra respiró hondo.

—Continúa por favor.

—Sí —susurró—. Bueno, entonces, si Escorpio se enteraba de que Tauro iba con nosotros se escondería de nuevo en otro lugar.

—¿Y cómo sabes dónde está?

—Por Leo.

—¿Leo?

—Así es, todo el que posea un elemento y muera, su alma viaja al bosque de las almas.

—¿Cómo sabes eso?

—Me lo contó Leo cuando llegué aquí.

—¿Y por qué no lo sabíamos nosotros?

—No sé, quizás no lo veía importante en aquel momento.

—Bueno, sigue.

—Entonces, al ir allí podremos encontrarle.

—¿Cómo iremos allí?

—Contigo, Luna.

—¿Conmigo? ¿Por qué?

—Porque posees la luz, Leo nos contó que hablaste con tu padre, ¿no es así?

—Sí, hablo con él.

—Pues tú debes traerle y decirle que nos lleve con él.

—¿Cómo puede hacer eso?

—Magia.

—La verdad es que no sé de qué me extraño... —dije burlonamente.

—Pues eso, Luna, invoca a tu padre.

—¿Pero cómo sabes que Escorpio está allí?

—Porque cuando mi padre murió, pude oírle decir *"Sálvanos... ven conmigo... y hallarás la respuesta..."*.

—Claro... él iba a morir... su alma iría al bosque de las almas...

—Ya sabéis la historia...

—Gracias, Libra, ¡ahora ya sabemos dónde encontrarle!

—Ahora debes llevarnos, Luna, no tenemos tiempo.

—¿Por qué tanta prisa?

—Porque quizás podamos salvar el alma de Leo, si no se convertirá en un soldado de Escorpio para siempre, como lo fue mi padre...

Me sobresalté y se me saltaron algunas lágrimas.

—Bueno, ¿a qué esperamos? —dijo Neptuno.

Reaccioné y mi dolor hizo que comenzase a brillar.

—Eso es, Luna, trae la luz contigo, abre a puerta —me dijo positivamente Venus.

—¡Venga, Luna, tú puedes hacerlo!

Me concentré al máximo y al fin, conseguí iluminar todo, solo se veía luz alrededor, un manto blanco cubría todo, podía ver a mis compañeros escasamente.

—¿Ya hemos llegado?

—Así es —dijo Libra.

De pronto caí al suelo y al tocar mis manos el gélido suelo, parecido al cristal, todo comenzó a oscurecer, árboles frondosos pero negros, cuervos y urracas se oían de fondo, susurros de almas en pena hablaban a nuestras espaldas, todo aquel manto blanco se deshizo por completo, el suelo de cristal que había tocado con mis manos era el puente hacia la muerte, dependíamos de un hilo y eso Libra no nos lo contó.

—Aquí es.

—Es todo muy tétrico.

—¿Qué esperabas de un bosque de almas?

—Bueno, busquemos a Escorpio, si nos ve, no creo que nos deje irnos de rositas.

—¿Cómo sabremos quién es?

—Porque Luna volverá a iluminarse.

Virgo rio.

—Lo siento, me ha hecho gracia esa objeción.

—Vale, en fin, Luna, cuando veas que la luz vuelve contigo, es que Escorpio está muy cerca y cuando la luz salga de ti es que todos podremos verlo ante nosotros.

—Esta vez lo mataremos definitivamente —dijo Venus.

—Sí, no dejaremos que vuelva a nacer —contesto Neptuno.

Comencé a andar hacia delante, sin rumbo alguno, no sabía qué hacer, qué pensar, solo quería poder terminar con esto de una vez por todas. Pensé y pensé en cosas que nos pudieran ayudar y al final di con una de esas cosas.

—Neptuno, en la generación de tu abuela, fue ella la superviviente, ¿no es así? —pregunté al fin.

—Así es.

—Entonces, en la siguiente generación, fue la de mis padres y la única persona que sobrevivió fue mi madre, eso significa que ella puede pedir el deseo de las lágrimas de cristal.

—¿Pero tu madre posee ahora algún elemento Luna?

—Mi madre debería estar muerta y su poder me llegó a mí por error, nunca la he visto utilizarlo, no sé si podrá usarlo.

—No creo, Luna, el elemento solo puede ser usado por una persona, lo siento, pero creo que tu madre no podrá pedir el deseo de las lágrimas de cristal.

—¡Oh! Vaya... entonces es una lástima, ya no sé qué podemos hacer para tener algo más a nuestro favor.

Entonces Venus intervino.

—Luna, no te muevas.

—¿Eh, qué pasa, Venus?

—He dicho que no te muevas.

Me detuve y miré al suelo, había una sombra dando vueltas a mis pies, haciendo que sintiese frío, mucho frío.

—¿Qué es eso? —preguntó Virgo.

—Un alma condenada, un alma en pena.

—No te entendemos Venus y encima me estoy poniendo nerviosa —tartamudeé.

—Luna, he dicho que no te muevas, si no te mueves el alma te dejará, pero si no me haces caso, se unirá a ti y...

Libra susurró el final de la frase de Venus.

—Te quitará el hilo del que pendes, Luna.

—¿Qué? —dije preocupada—. ¿De qué hilo estáis hablando?

—Al entrar en el Bosque de las Almas tu cuerpo está más cerca del otro mundo que del que vivimos, está más cerca de la muerte.

—¡Oh dios mío!

—Luna, tranquila, creo que no ha visto nada en ti, me parece que buscará otro cuerpo al que aferrarse —me dijo Virgo suavemente.

Callé y cerré los ojos, el frío estaba poseyéndome pero al final noté que entré de nuevo en un calor medio, el normal, el que posee una persona viva.

—Se ha ido, Luna —dijo Virgo agarrándome felizmente.

—Lo siento por no intervenir, es que si nosotros nos movíamos vendría por nosotros —comentó Libra.

—Está bien, olvidemos esto y continuemos, pero antes de eso... ¿y Neptuno?

Los demás se pusieron a mirar a su alrededor buscando al chico. Pero no dieron con él.

—¿Dónde se ha metido?

—Está loco de remate, ¿piensa que podrá él solo encontrar a Escorpio? Pues vaya con el nuevo... —burló Venus.

De repente algo se movió entre los oscuros árboles.

—Hola, chicos, he encontrado algo que nos será útil.

—¿Dónde te habías metido? —gruñó Virgo.

—Mientras vosotros veíais cómo una pobre alma en pena daba vueltas alrededor de Luna fui a por esto.

Nos lanzó unas piedras tan blancas que hacían daño por la oscuridad del bosque.

—¿Qué es? —pregunté.

—Piedras de luz, sirven para espantar a esas almas vagantes y sedientas de un cuerpo —vaciló con voz tenebrosa.

—Qué bien, ya no tendremos que preocuparnos de esas cosas frías e incorpóreas —dijo de viva voz la pequeña Libra.

—Ponéosla en un bolsillo y no os pasará nada.

—Vale —asentimos todos a las órdenes de Neptuno.

—Pero aun así podremos ver a las almas ¿no? Es que necesito encontrar a Leo...

—Claro que se pueden ver, pero ellas a nosotros no.

—Está bien, solo con quitarme la piedra del bolsillo seré visible para ellos, ¿no es así?

—No te equivocas en absoluto, Luna.

—Bien, pues si es así, continuemos.

Vagamos y vagamos por aquel bosque, veíamos almas y más almas, algún que otro pájaro de mal agüero pero no dábamos con lo que buscábamos.

—Estoy cansada —dijo Libra agarrándose de la mano de Virgo.

—Pues aguanta.

—No puedo más, quiero descansar y además me está entrando sueño, es como si llevásemos horas y horas andando.

—Eso pienso yo, creo que serían las tres de la tarde, no hemos parado desde que hemos llegado, creo que deberíamos parar un poco —objetó Venus.

—Bien, pero estemos alerta a todo, ¿de acuerdo?

—¡Sí, señorita Luna! —me dijo Libra con la mano en la frente como un soldado a su general.

La joven Libra apoyó su cabeza en el regazo de Neptuno, el cual estaba acariciando su pelo para que ella durmiese un poco. Mientras, Virgo parecía haberse lanzado a hablar con la perfecta rubia.

—Entonces tú y Leo, ¿no estabais juntos?

Venus miró desconcertaba a Virgo por la pregunta inoportuna.

—Sí lo estábamos pero... —Venus respiró y le hizo jurar a Virgo que no diría nada—. Pero estábamos de farol.

—Te prometo que no diré nada, por mucho que me duela mentir a la pobre Luna. Pero tú querías a Leo, ¿no es así, Venus?

—¿A ti que te importa?

—Me importa más de lo que imaginas, Venus, sobre todo la que más me importa eres tú.

—Vaya, ¿lo dices en serio, Virgo?

—Sí —se sonrojó de golpe pero continuó—. Claro que lo digo en serio.

—No me lo esperaba —sonrió ella.

—Pensé que no debería decírtelo, pero no aguantaba más, mis sentimientos no podían soportar estar encerrados más tiempo, Venus yo...

Pero ella le interrumpió.

—No sigas, Virgo.

Él agazapó la cabeza tristemente cuando su mano fue cogida por alguien agradable. Alzó la mirada y quien le agarró fue su apreciada musa, Venus.

—Has tenido que soportar mucho, gracias por no rendirte, Virgo, pero yo aún siento algo por esa persona que ya no existe.

—Te entiendo, Venus.

—Pero no te rindas, quién sabe lo que nos deparará el futuro —sonrió.

—Eso es —alegró la cara Virgo sin ninguna marca de dolor.

Me alegré por él, por fin había dicho lo que sentía y la verdad es que Venus no había sido mala con él y espero que en ese futuro que les depara, sea tal y como Virgo ha imaginado durante tanto tiempo.

Pasaron horas y horas, Libra dormía junto al recién llegado que también se había quedado dormido. Los otros dos estaban hablando de cosas que no llegué a enterarme pero tampoco es que me interesasen mucho. Yo estaba sentada un poco apartada de esas cuatro personas, estaba recordando el día en que estuve con esa persona ya inexistente en aquella habitación, los dos felices, llenos de amor y con ganas de vivir esa pasión al máximo, pero nunca se sabe cuándo puede ser el final, o cuándo llegará un nuevo principio.

NOCHE INOLVIDABLE

—¿Qué hora es? —preguntó la recién levantada de la siesta, Libra.

—Tiene que ser tarde, hemos estado mucho tiempo aquí, deberían ser más o menos las siete de la tarde.

—¿Tanto tiempo llevamos aquí parados? —me sorprendí.

—Así es, espero que no moleste eso, Luna.

—Para nada, si total, hasta que yo no empiece a iluminarme no pasa nada.

Virgo rio de nuevo.

—Lo siento, nunca me acostumbraré a eso.

Todos sonreímos.

—Demos una vuelta y "acampemos" como podamos —dijo Neptuno poniéndose en pie.

—Bien.

Anduvimos buscando alguna forma de refugiarnos, al final, encontramos una cueva, no muy agradable pero refugiaba del frío que comenzaba a hacer en aquel estúpido bosque lleno del almas vagantes. Lo siento, es que no me acostumbraba a aquello y sinceramente, no me agradaba nada, por eso para mí, eso sería siempre, el estúpido bosque.

—Podremos refugiarnos aquí hasta que llegue la mañana con un poco más de calor, creo que debe de hacer unos menos dos grados ahora ahí afuera.

—Estoy de acuerdo contigo, Venus. Agrupémonos para mantener mejor el calor —dijo Virgo con la intención de estar más cerca de Venus.

—Vale —contestó Libra arrimándose a la esquina de la cueva—. Yo me quedaré aquí y vosotros os pondréis alrededor de mí —sonrió.

—Qué lista es la sirenita —vacilé.

—¡Claro que sí!

Reímos.

—Bueno pues aquí nos quedaremos hasta que pase el frío.

Comenzamos a hablar todos juntos, la verdad es que no hablábamos de nada de aquel bosque, ni de almas, ni de Escorpio, ni siquiera del recién fallecido Leo, fue increíble, pero la verdad es que teníamos que estar bien para poder enfrentarnos a aquel temido ser, como dije antes, nunca se sabe cuándo puede ser el principio de algo, puede suceder después de mucho tiempo pasados ya los malos acontecimientos, o muy pronto como nos sucedió.

—¡Libra se ha vuelto a dormir! Esto es increíble —rio Venus.

—Creo que todos deberíamos hacer lo que ella, la chica no es nada tonta.

—Está bien, descansaremos un poco.

—Dormir vosotros mientras, Luna y yo nos quedaremos de guardia —dijo Neptuno.

—Gracias.

Neptuno sonrió.

—Bueno, nos toca cargar con el marrón de quedarnos despiertos.

—No pasa nada.

—Oye, lo siento por lo de antes.

—¿El qué? —pregunté atontada.

—Lo de irme y dejaros ahí a todos con el alma esa rondando a tus pies.

—Bueno, no pasa nada, hiciste algo por nosotros.

—Sí, pero no sé, creo que a los demás les molestó.

—Son así de quejicas —sonreí.

Neptuno me contestó con otra sonrisa, hablamos toda la noche, me contó su vida, yo la mía, estábamos haciendo muy buenas migas, en tan solo una noche había hecho que riese, que no llorase al contar lo que le sucedió a mi padre y que no recordase por qué Leo ya no estaba con nosotros. Era una persona fantástica, nunca había tenido a alguien igual.

—¿Sabes, Tuno?

Tuno era la forma abreviada de su nombre que había

cogido, me contó que su familia le llamaba así y como yo había cogido confianza con el me permitía decírselo, sonaba a guasa, pero a él le gustaba porque así hacía reír, otra vez.

—Dime, Luna.

—Desde que perdí a mis amigos, nunca había sentido esto, gracias a ti y a los demás estoy volviendo a ser yo misma, me estáis haciendo querer de nuevo a la vida, me hacéis volver a querer el tener amigos.

—Eso me agrada mucho, de veras.

—Muchas gracias, Tuno, en serio.

—No me des las gracias, solo quiero que sepas que yo seré ese amigo que nunca tuviste, jamás te dejaré sola, solo cuando haya un alma dando vueltas a tu alrededor —vaciló.

—¡Mala persona! —reí.

—Oye ¿te cae bien Venus?

Bufé.

—Podríamos decir que no me cae, pero bueno, es mi compañera y creo que dentro de ese disfraz posee a una gran persona.

—Podría ser.

—¿Y a ti, Tuno?

—Bueno, está buena la rubia, pero, es muy suya, esa gente no me agrada para nada, siempre acaban quedándose solos, pero bueno, quizás se le pegue algo de tu forma de ser.

Sonrojé.

—Gracias por el cumplido —agradecí.

—De nada, solo he sido sincero.

—Bueno, me has contado muchas cosas, pero de tu vida amorosa no me has dicho nada, cuéntame.

—Pues bueno, al venir aquí he tenido que separarme de mi novia y creo que se olvidará de mí.

—No creo, si ella te quiere te esperará.

—Pero ella no sabe qué clase de monstruo soy.

—Somos —corregí.

—Bueno, pero a vosotros no os conoce, yo no sería capaz de decirle quién soy, no quiero perderla.

—No lo harás, es más, a lo mejor te quiere más por eso.

—¿Tú crees?

—Claro que sí, sé cómo pensamos las mujeres, bueno, sé cómo pensamos quitando la mente de Venus, porque a esa no hay quién la entienda.

Reímos de nuevo.

—Ahora te doy yo a ti las gracias, Luna.

—De nada, ¿los amigos están para eso, no es así?

—Sí, sobre todo los buenos amigos.

—Exacto —esbocé una sonrisa y apoyé mi cabeza sobre tu hombro, nos pusimos a mirar a través de esos árboles oscuros, pero no encontramos nada, ni pizca de luz, de alegría en ese pobre sitio, bueno, en este estúpido sitio, pero ese estúpido sitio jamás lo olvidaré, porque fue donde encontré de nuevo, la amistad, una amistad que duraría siempre.

—Te echaré de menos, Leo —pensé—. Espero que cuando volvamos a encontrarnos me perdones.

Mis lágrimas comenzaron a brotar de mis ojos y a deslizarse poco a poco rostro abajo. Pero una mano se deslizó por mi mejilla, esa mano era de Tuno, mi gran amigo, al que hoy en día le debo todo lo que tengo, jamás olvidaré esa noche en la que le conocí. Mi dolor respecto a Leo era grandiosamente fuerte, pero con Neptuno, todo era más fácil, estaba siempre conmigo. Hoy, lo único que puedo decirle, es esta palabra: *"Gracias"*.

—Buenas noches, Luna —me deseó.

Cerré los ojos, noté que sus brazos me rodeaban, y finalmente esa noche concluyó.

VISITA TRAS CONFESIÓN

—¡Arriba, dormilones!

—Un ratito más —dije somnolienta.

—¡Luna! —gritó Libra enfadada.

—Vale, ya me levanto, ya.

—Así me gusta —sonrió.

—¿Dónde están Virgo y Neptuno? —pregunté.

—Han ido a ver si hay algo de comer porque no tenemos nada —entristeció Venus.

—Espero que encuentren algo, tengo bastante hambre —gruñó Libra.

—Solo podemos esperar —concluí.

Jugueteé un rato con Libra a un calienta manos, la verdad es que fue divertido, pero no podía dejar de preocuparme, cuando terminamos el juego ella y yo, me fui con Venus que estaba en la entrada sentada y con la mirada perdida.

—Venus, ¿estás bien? —conseguí preguntar.

—Sí, más o menos.

—¿Qué te pasa? Sabes que en mí puedes confiar, aunque tengamos nuestras diferencias —dije intentado ser amable.

—Tú eres lo que me pasa, Luna, tú y Leo.

—¿Yo?

—Sí.

—¿Qué pasa conmigo? —me preocupé.

—Que le dijiste a Leo algo que no sentías y él pensó que lo decías en serio, pero él te quería Luna, te quería demasiado.

—¡¿QUÉ?!

—Hicimos una tapadera para que no te desviases de tu objetivo y...

—¡¿CÓMO PUDISTEIS?!

—¿Crees que me siento bien? Yo le quería e hice eso por vosotros, ¿crees que yo no me sacrifiqué?

Callé. Ella tenía razón. Ella también había estado sufriendo, incluso más que ninguno.

—Lo siento, Venus, pero... es que esas cosas tan horribles que le dije... no puedo vivir con ello, necesito pedirle perdón y también darle las gracias por haber hecho algo tan bonito por mí, aunque cuando pasó eso me dijiste que me quería pero... pensé que lo hacías para hacerme sentir bien... pero ya sé por qué me dijiste eso —suspiré.

—Pues vayamos a buscarle, él debe estar vagando ahora mismo por aquí, pero como lo encuentre antes Escorpio... le hará uno de los suyos y para poder ayudarle de verdad... —dijo Venus antes de que la interrumpiese.

—...habrá que matarle —terminé.

—Así es.

—No podría hacer eso.

—¿Por qué no? —dijo la voz de la joven Libra.

—Porque es muy importante para mí, no podría matar a un ser querido.

—Yo me enfrenté a mi padre y él me hizo daño, él no podía actuar por sí solo, por eso hizo lo que hizo.

—Libra...

—No quiero hablar de ello.

—Está bien... —callamos la rubia y yo.

Nadie dijo nada, estuvimos en silencio hasta que vimos unas sombras conocidas acercándose a la cueva, eran Neptuno y Virgo.

—¿Habéis conseguido algo?

—Nada —contestaron tristemente.

—No puede ser... ¿Qué haremos sin comida?

—Yo tengo hambre, Venus —protestó Libra.

—Pues lo siento, pequeña, pero no hay nada.

Libra agazapó la cabeza y se sentó en el suelo. Cuando de repente su mirada se posó tras Virgo.

—¿Qué pasa?

—Mirad quién está ahí.

Todos miramos a Virgo y a su derecha estaba Leo, ahí plantado, como si supiese que estábamos ahí, pero eso no podía ser porque todos llevábamos la piedra en el bolsillo.

—Quitaos la piedra —dijo Tuno.

—Pero los demás nos verán.

—Si Leo ha impuesto orden aquí no creo que tengan valor de enfrentarse a él, creo que seguirán vagando en busca de otros cuerpos.

—Pero es que nosotros somos los únicos cuerpos aquí —protestó la chica perfecta.

—Habrá que arriesgarse —dije sacándome la piedra del bolsillo.

El alma de Leo posó su mirada perdida en mí.

—Leo... —murmuré.

Los demás sacaron sus piedras también pero Leo solo me miraba a mí.

—Luna...

—Perdóname, Leo, por favor —sollocé.

—¿Sabes que me hiciste daño?

—¿Y tú a mí? Pensé que me habían utilizado otra vez...

—No pensaste bien... te dije que siempre te iba a querer.

—Pero eso es difícil pensarlo cuando la persona que amas tontea con otra.

—Puede que tengas razón, pero me hiciste sufrir como nadie, esas palabras: "para mí no existes" fueron lo peor del mundo, por eso sacrifiqué mi vida por la tuya, no podría vivir sabiendo que me odiabas.

—Leo... yo te amaba...

—Pero no me lo demostraste lo suficiente.

—La que debería estar enfadada soy yo, Leo, te estoy pidiendo perdón —lloraba como nunca.

—Cuando el daño está hecho es difícil repararlo.

—Leo, no seas así con ella, estáis siendo injustos los dos, decid de una vez lo que sentís —interrumpió Neptuno.

—No te metas, novato —contestó con ira.

—Leo —lloriqueé.

—Encontrarás a alguien, tal y como sustituiste al otro chico con el que estuviste.

—Eso jamás podré hacerlo.

—Dale tiempo al tiempo y lo conseguirás.

—Solo te quiero a ti, Leo, daría todo por ti.

—Entonces... haz lo que me dijiste, actúa como si no existiese, yo para ti no existo.

—¡Eres injusto, Leo! —dijo Venus con lágrimas en los ojos—. Ella lo ha pasado fatal, todo porque hicimos ese juego por ella, pero quizás te equivocaste, acepta tu error.

—No eres tú la más indicada en decir eso, tú me ayudaste, por mucho que te doliese también deseabas hacerle daño a ella. Ya que tú no podías tenerme de verdad, tampoco querías que ella me tuviese.

—Leo, ¿qué te pasa? —preguntó Virgo preocupado—. No eres el mismo de siempre.

—Las sombras, el remordimiento, el dolor, todo puede contigo en este lugar, lo único que quiero es poder desaparecer, no quiero que salvéis mi alma.

—¡No seas estúpido!

—Quiero desaparecer para siempre, olvidadme, como dijo Luna, yo ya no existo ni para ella, ni para nadie más.

Sus palabras se me clavaban como agujas en el cuerpo. No podía respirar, todo se complicaba, tenía hambre pero mis tripas ahora no pedían eso, sino paz, tranquilidad, estaban ajetreadas, tenían unas ganas inmensas de vomitar, no podía más, mi rostro palidecía poco a poco, mis manos se enfriaban, me volvía sin darme cuenta en un ser inerte, ese dolor no podía soportarlo, hasta que de repente alguien, de manos cálidas, me sostuvo, ese era mi gran amigo, Neptuno.

—Gracias —sonreí como pude.

—Soy tu amigo y no te dejaré sola en ningún momento.

—Gracias —dije de nuevo.

Leo frunció el ceño y comenzó a andar, sin decir nada, no se despediría de nosotros, estaba demasiado dolido, jamás me perdonaré el no haber conseguido hacer las paces con él, esa mirada la tendré clavada siempre en mi mente, cuando la oscuridad me encierra sus ojos se clavan en mí con rabia, dolor. Ahora tenía claro que jamás volvería a verle.

—¡Leo, no te vayas! —gritó Libra—. Tenemos un mal día, por favor, Leo. ¡Vuelve!

El alma en pena de Leo no se giró, ni se inmutó, Libra corrió tras el dejando caer su piedra al suelo, siguió a Leo, éste se estaba metiendo en lo profundo del bosque.

—Libra, ¡espera! —corrió Virgo detrás para ayudarla.

Venus lloraba sin poder moverse, sus ojos no respondían.

—Esto es una maldición de este "estúpido" sitio —murmuré.

—Luchemos para que nada de esto suceda de nuevo.

Mis ojos enrojecidos parecieron aceptar la derrota, pero mi corazón decía que había que seguir, ya que habíamos llegado hasta aquí no podríamos echarnos atrás, por lo menos yo no lo haría, pero antes de todo eso, teníamos que encontrar a Libra y Virgo que habían ido bosque adentro sin la piedra.

—Vamos, Venus —le sonreí como pude.

Ella tristemente entendió que era lo mejor que podríamos hacer.

—Vayamos —me agarró de la mano y con la otra me secó las lágrimas—. Perdóname Luna.

—Nunca me enfadé contigo, Venus, no te preocupes.

Me agradeció mil veces con la mirada. Después de eso, Tuno me llamó y continuamos lo que habíamos empezado.

—Guardaos las piedras en el bolsillo.

Así hicimos. Recogí la piedra de Libra del suelo y corrimos siguiendo las voces de los dos seguidores del alma perdida, del alma en pena.

—¿Libra? ¿Virgo?

—¿Dónde estáis?

—Chicos, contestad por favor —supliqué.

—Luna, mira, allí están —señaló Tuno hacia el Sur.

—Corred.

Corrimos tras ellos, pero por más que corríamos no les alcanzábamos, hasta que dimos con lo que pasaba, habíamos entrado, sin darnos cuenta, en el juego de las almas, el juego del escondite.

—Oh, no —gimió Venus.

Vimos un cuerpo en el suelo.

—Dime que no es ninguno de ellos —suplicó.

Neptuno se acercó y miró a Venus insatisfecho.

—No es ni Libra ni Virgo.

—¿Entonces...?

—Es Leo —finalicé.

Su cuerpo cubierto por un manto blanco estaba tirado en el suelo, era el mismo cuerpo que enterramos la mañana anterior, el mismo cuerpo que di la mano alguna vez, el mismo cuerpo de la persona que quería de verdad, pero distinto cuerpo del alma con la que había hablado hace unos instantes.

—No entiendo nada —dijo Venus atontada.

—Los juegos de las almas, si queremos que el alma de Leo, esa alma insensible vuelva a su cuerpo original, debemos encontrar a los demás antes de que se acabe el tiempo.

—¿Qué tiempo?

Tuno señaló hacia arriba, era una gran flor de cristal pero esta era más tenebrosa, más frágil que la anterior, ésta significaba la vida de las almas, en este caso el alma de Leo y las vidas de Libra y Virgo.

—Tenemos que encontrarles antes de que la flor se rompa, porque si no no podremos hacer nada, ni por Leo ni por ellos.

—¿Por qué esto es así? ¡Quiero morirme! —chillé y deseé.

—Mirad chicos.

MI PUERTA

El bosque comenzó a cambiar, todo empezó a dar vueltas y más vueltas, hasta que aparecimos en una sala, una sala oscura, solo se iluminaba el cuerpo de Leo que ahora había cambiado a un manto blanco, no preguntéis el porqué.

—Hay Tres puertas —dije al fin.

—Sí, por una de esas puertas se debe ir hacia ellos.

—¿Pero cómo sabemos cuál es?

—Cada uno debe entrar en una.

—No me gusta cómo suena eso Tuno... —murmuré.

—Una de esas puertas conduce... a uno de nosotros... a estar vagando en este lugar, hasta que un alma sea liberada.

—¿Cómo sabes todo eso? —preguntó Venus histérica.

—Mi abuela, ella tuvo que pasar por todo esto.

—Dios mío... —sollocé.

—No hay remedio, entremos —concluyó la rubia.

—Creo recordar cuál era la puerta que hace que... te quedes aquí —agachó la cabeza y continuó—. Seré yo quien vaya por esa puerta.

—No, esa debo ser yo —dije.

—¿Tú? Jamás, Luna, eres quien puede luchar contra Escorpio, te necesitamos —me dijo Venus agarrándome de las dos manos—. Iré yo, tú no puedes estar sin Leo, como para que te quedes sin tu mejor amigo, creo que es lo que debo pagar por todo lo que te he hecho, espero que así no me guardes rencor.

—Te dije que no me había enfadado, no tengo rencor, para mí eres una amiga, no hagas eso, Venus.

—Lo siento, Luna —se giró y miró a Neptuno—. ¿Sabes seguro cuál es la puerta? No quiero que te equivoques.

—Sí, sé cuál es y no me equivocaré, es la de la derecha, la del sol gris.

—Gracias —suspiró y terminó diciendo—, espero que nos volvamos a ver pronto.

Al decir eso abrió la puerta y se introdujo dentro. Yo gemí de dolor, no podía creer lo que estaba pasando, solo quedábamos Tuno y yo y esperaba que Libra y Virgo estuviesen bien.

—¿Por cuál debo ir yo, Tuno?

—La del centro es la de la tortura, después de eso encontraremos a uno de los dos, a Virgo o a la pequeña.

—Tortura... —murmuré—. ¿Y la otra?

—La de los recuerdos.

Para mí significaban lo mismo, si me hacía recordar sufriría incluso más que si me torturaban.

—¿Cuál escoges, Neptuno?

—La que tú no quieras, Luna.

—No puedo elegir.

—Pues entonces dejemos al azar.

—Me parece justo —admití.

—Quien gane al azar se queda con la primera puerta y quien pierda pasará por la segunda —dijo—. Pares.

—Está bien. Nones.

—Una, dos y... tres.

Cerré los ojos y los abrí para ver el resultado.

—Nueve —dijimos al fin.

—Te toca recordar, Luna, creo que no deberías, incluso pienso que será peor que la tortura.

—No lo sé, ahora no lo sé, tengo miedo, Tuno, no me dejes sola, por favor.

—Tenemos que ayudarles, me voy, Luna. Te espero en la salida.

—No... no lo hagas, Tuno... ¡NO! —grité desconsolada.

Pero no sirvió de nada, Neptuno ya había entrado en la puerta que había dibujado otro Sol, pero esta vez no era del color gris del de Venus, sino en rojo.

—Está bien, empecemos, todo por ti, Leo y también por vosotros, chicos —dije para mis adentros.

Di los pasos necesarios para quedarme frente a la puerta que poseía el mismo Sol que los anteriores pero en color blanco.

—Nos vemos en la salida —concluí y entré.

Todo a mi alrededor era negro, oscuro, no veía nada, tenía mucho miedo, me temblaban las piernas, presentí que este sería mi fin, hasta que de pronto un pitido comenzó a sonar, me agarré fuertemente la cabeza, yo gritaba y gritaba, no podía soportarlo. Me tambaleaba hasta que caí al suelo. Comencé a llorar, no aguantaba más hasta que de pronto la sala se puso en blanco y comencé a ver imágenes.

—Papá... —murmuré.

Vi la imagen de cómo murió mi padre. Entre el pitido y eso estaba más que servida, pero la prueba de supervivencia no sería tan fácil. Tras esa imagen vi a mi madre entrando en su habitación con un chico, pero ese chico no era mi padre.

—¡No quiero seguir viendo esto! —balbuceé—. Ese hombre estaba acostándose con mi madre días después de que él falleciese. ¿Cómo puede ser eso? Por favor ¡esto no puede ser verdad!

Tras esa imagen apareció mi ex, un chico de mi misma estatura más o menos, con su pelo rubio ceniza. En esta visión estaba yo con él, riendo, estaba con mis amigos, bueno, también con mis "ex" amigos. Estábamos todos felices, hasta que mi mejor amiga empezó a liar las cosas, hasta tal punto que todo se torció.

—No quiero seguir recordando, ¡no quiero seguir recordando! —me repetía a mí misma una y otra vez.

—¡Luna! —escuché.

—¿Eh?—dije como pude—. ¿Quién es?

Pero no obtuve respuesta.

Las imágenes volvieron. Salía yo llorando, descomunalmente, después aparecí en casa de mis tíos, esta vez lo vi en primera persona, estaba en las escaleras corriendo, me giré y vi a mi tío detrás de mí. Pero por más que corría, las escaleras no terminaban nunca, cuando tropecé con el escalón y me di con la barandilla noté que mi nariz se humedecía.

—¿Qué es esto? —miré y era pura sangre—. ¡Ah!

Noté de nuevo la bota en mi tripa, puñetazos y golpes, todo mi cuerpo estaba dolido, la sangre no cesaba, tenía miedo de desangrarme allí mismo, en esa sala tan blanca que daba pena ensuciar.

—No más recuerdos, no quiero recordar más, por favor que termine esto de una vez —supliqué.

—¿Quieres que pare?

—*¿Quién ha dicho eso?* —pregunté al aire.

—*¿No sabes quién soy?*

—No me hagas esto, para de una vez, te lo suplico.

—*¿Ves qué vida has tenido? Tu vida no vale nada en absoluto, ¿por qué me pides que pare? Si esto es lo mejor que te ha podido pasar, tu vida está llena de desgracias y para una vez que estás feliz, dices que "le odias".*

—¡Sé que mi vida es una mierda! Pero no eres nadie para decir qué debo hacer, las cosas siempre cambian y seguro que tú has manipulado esos pensamientos —chillé.

—*¿Lo dices por lo de tu madre?*

—¡Calla!

—*Tranquila, eres muy lista y sabes que eso sí ha sido manipulado, pensé que podría contigo, pero veo que eres más astuta de lo que pensaba.*

—Déjame salir y deja que todos salgan bien.

—*Lo haré a cambio de algo.*

Tragué saliva y me mordí el labio.

—A... a cambio ¿de qué?

—De que mates con tus propias manos a Leo.

—¡Jamás! —salió eso espontáneamente de mí.

—*Entonces uno de los demás deberá morir por él.*

—¿Quién, yo? Mátame, no me importa, solo quiero que les dejes en paz, Escorpio.

—*Vaya, ya sabes quién soy, eso está bien, pero pagar con tu vida es muy simple, algo muy bonito y atrayente para mí, pero eso sería el camino fácil.*

—¿Quién moriría pues?

—La más joven, es la hija de uno de mis secuaces, esa es tentadora.

—¡No! Ella es la más joven, tiene una vida por delante.

—*O ella o él.*

—Eres asqueroso, odioso, no sé cómo puedes ser así.

—*Siendo yo mismo quizás, no como tú, que te dejas influenciar por cualquiera.*

Eso me dolió, aunque quizás tenía razón, es más, es que estaba en lo cierto. Debía decidirme pero, ¿a quién sacrificar, a la persona que amaba o a la chiquilla que tenía una vida por delante y que había hecho tanto por mí?

—Está bien, haré lo que me has pedido —concluí.

—Me alegra oír eso, muy bien, entonces que llegue la diversión.

Una puerta negra se abrió ante mí.

—Vuelve a la sala y ve a por Leo, ahora ya tiene su alma, ahora es quien es de verdad, ese ser al que querías y que te quería pero tienes que cumplir lo que has prometido, o si no la joven morirá —rio.

Entré por la puerta y allí estaba Leo, de pie, como si no hubiese pasado nada, pero cuando decidí aceptar lo que Escorpio me había dicho, no pensé en que lo diría de verdad, porque la verdad, era absurdo tener que matar, lo siento por la expresión, a un muerto.

—¡Luna!

No di ni un paso. Leo se acercó a mí corriendo cuando de pronto salió por los aires.

—¡¿QUÉ HACES?! —gritó.

—Lo siento, Leo —lo que le había lanzado por lo aires había sido mi nuevo poder, el que jamás había usado y que jamás pensé que tendría.

—Con ese poder puedes matar a Escorpio, Luna, ¿qué haces? —repitió.

—Tengo que matarte, Leo.

—¡¿ESTÁS LOCA?!

—Es por el bien de todos —lloré mientras le lancé otra vez esa oscuridad que salía de mis manos como rayos de las nubes.

—Lo que dijo mi alma no era cierto, te quiero mucho, Luna, hice eso por ti.

—Yo estoy haciendo esto por los demás.

—¿Vas a matarme?

—No.

—¿No? —preguntó atónito.

—No, porque ya estás muerto.

Esas palabras no sonaron a mí, pero dio igual, empecé a dar golpes a Leo contra todas las paredes de la sala, solo moviendo un poco mis manos, él empezó a gritar de dolor, yo no lloraba, no me inmutaba, él me suplicaba pero no era yo la que estaba haciendo eso, aunque en mi conciencia siempre sería yo la asesina de la persona a la que amaba.

—¿No vas a defenderte, Leo?

—No, porque yo jamás podría hacerte daño, ¡mátame, MÁTAME DE UNA VEZ!

Sus palabras se clavaron en mis oídos, resonaban y resonaban, de nuevo el pitido ese comenzó en mis oídos de nuevo y oí a Escorpio reír en mis pensamientos y también le oí decir "*Gracias, Luna, sin ti no lo hubiese conseguido*". Cuando me quise dar cuenta estaba tirada en el suelo, inconsciente, otra vez más escuché una voz, pero esta vez no era la de Escorpio.

—¡Luna!

Intenté hablar.

—¡¡LUNA!!

Abrí los ojos, lo primero que vi fue a Tuno junto a mí.

—Siempre estás a mi lado ¿eh? —sonreí.

—Te prometí que nunca te dejaría sola.

—¿Qué te ha pasado, Tuno? Estás hecho polvo... —entristecí.

—La dichosa puerta, pero bueno, no te preocupes por eso, Libra y Virgo ya están aquí.

—Me alegro, pero ¿y Venus?

—Estará con nosotros más pronto de lo que te imaginas, cuando salgamos de aquí ella estará esperando afuera.

—¿Cómo lo sabes? —pregunté.

—Porque ya la han liberado.

Sonreí de nuevo, pero de pronto mi cara se puso pálida.

—Tuno, dime cómo está.

—¿Quién? —disimuló.

—¡DIME CÓMO ESTÁ LEO!

—Compruébalo tú misma, Luna, pero que sepas que hiciste lo correcto.

—¡NO!

Ahí estaba tirado en el suelo y yo otra vez llorando por él. ¿Por qué no era capaz de decirle cuanto le quería cuando podía hacerlo? ¿Cómo pude hacer algo tan horrible? ¿Cómo pude matar a la persona que quería más que a mi vida? Esas preguntas jamás tendrán respuestas.

EL REY ESCORPIO

Cerré los ojos una vez más. Agarré su mano con fuerza y mis lágrimas caminaron suavemente por mi rostro. La lluvia del bosque comenzaba a rozarme, ya que la sala estaba cambiando de nuevo al "estúpido" bosque. Todo parecía de luto, no oscuro como antes, sino triste, tanto los árboles como los animales que residían allí. Mi vestido, el que llevé al entierro de Leo, estaba lleno de manchas rojas, todo a mi alrededor estaba lleno de un gran charco de manchas de ese color, me sequé las lágrimas con la mano, pero dejé de hacerlo porque éstas estaban embadurnadas de sangre. Esa sangre provenía de mi niño, ese chico que tanto quise pero que fui capaz de matar y no decirle te quiero. Ese momento fue peor que la muerte de mi padre o que la primera vez que vi morir a Leo. Mi conciencia me diría siempre, que gracias a mí, Leo ya nunca estaría con nosotros.

—No ha sido tu culpa, gracias a ti has salvado a Libra —me dijo Virgo dándome unas palmadas en la espalda.

—Soy una asesina.

—Eso no lo digas nunca, yo hubiese hecho lo mismo que tú, Luna.

Miré a Venus desconcertada.

—¿Ya estás aquí de vuelta?

—Gracias a ti, Luna.

Agaché la cabeza mirando el cuerpo inmóvil de Leo.

—Gracias, Luna —lloró Libra—. Jamás sabré cómo agradecerte que me hayas salvado.

—Prometedme que acabaremos con Escorpio —dije.

—Te lo prometemos, Luna.

—Ese cabrón pagará por todo, esta vez no volverá a ver el sol.

Me puse en pie y me puse a gritar.

—¡ESCORPIO!

El eco me contestó.

—¡¡ESCORPIO!! —dije con más fuerza.

Libra me siguió.

—¡ESCORPIO! —gritamos al unísono.

Todos nos siguieron. Pero solo contestaba de nuevo el frío eco de aquel lugar.

—Esto es una pérdida de tiempo —dijo Virgo con tristeza.

—No desesperéis, seguro que viene, lo presiento.

—Cuando esté aquí tu luz nos avisará, no te preocupes, Luna.

—Quiero acabar con esto cuanto antes —cerré los puños, agaché la cabeza y una lágrima cayó, tan solo una, no necesitaba más. ¿Qué más daba? Ya había perdido todo lo que quería, ya no tenía nada que hacer, solo seguir adelante con mi conciencia siempre presente diciendo qué fue lo que hice mal, no una, sino dos veces. No decirle "*te quiero*".

—Luna, ya está aquí, mírate —me dijo Libra agarrándome la mano con suavidad.

Empecé a brillar, miré a Virgo por si se reía, siempre le hacía gracia eso de que me iba a iluminar, pero esta vez ni se inmutó.

—Por fin nos vemos cara a cara, Luna Black —dijo una voz que hizo que retrocediésemos unos pasos por el miedo que causaba.

Su rostro era increíble, daba miedo tan solo con mirarle, ya no era solo su voz, sino él mismo en sí, tenía unos ojos rojos y un pelo negro como su corazón. Llevaba una túnica negra de pies a cabeza y unas botas de cuero. Se movió un poco y vimos que donde él había estado hace unos segundos, estaba todo marchitado, tenía peor aspecto del que tenía antes el "estúpido" bosque.

—Tengo miedo, Luna —susurró Libra.

—No nos podemos rendir, no ahora que hemos llegado hasta aquí —dije adelantándome para enfrentarme a esa cosa odiosa. Por fin esa maldición terminaría, mis amigos y yo terminaríamos con él para siempre.

—Vamos, chicos, adelante —dije.

Todos me siguieron, comenzamos a rodear a Escorpio, él ni se inmutó.

—¿No vas a hacer nada, "Rey" Escorpio? —dijo Venus con sarcasmo.

—No me tientes, guapa.

—Pagarás por todo lo que has hecho, ¿cómo eres capaz de hacer semejantes cosas? —preguntó Libra con ansias de respuestas.

—No me gusta que me atosiguen, enana —contestó ferozmente.

Libra no dijo nada, siguió en su sitio como los demás. La verdad es que no sabíamos qué hacer, pero todo surgiría solo.

—A por él, chicos —susurró Virgo.

—Suerte, compañeros —contestó en el mismo tono la fantástica chica de pelo rubio.

—Adiós, Escorpio —finalicé.

Empezó a rondarnos una bola de luz que dejaba su rastro por donde pasaba, cada uno desprendía una, la mía era negra, la de Venus gris, la de Virgo era de color verde, la de la pequeña Libra era azul y la de mi gran amigo Neptuno era de color amarillo.

—¿Qué es eso? —preguntó atónito Escorpio.

—¡Eso es tu fin!

Las luces fueron directas hacia él, de pronto, una explosión nos echó hacia atrás a todos, el impacto fue enorme, no nos esperábamos que eso fuese así, tan estruendoso y tan... fácil.

—¡AH! —gritó Libra por el impacto contra el suelo.

—¿Estáis bien? —pregunté.

—Hay mucho humo, no consigo ver nada.

—Tranquila, ya voy a por ti.

—¿Luna, dónde están los demás?

—No lo sé, Libra, no te preocupes, ahora les encontraremos.

Ella afirmó. La agarré por la muñeca y tiré de ella.

—¿Ves algo, Libra?

—No puedo ver nada, hay mucho humo... ¡cof, cof! —tosió.

—¿Chicas?

—¿Virgo?

—Menos mal, chicas, no consigo ver nada, me alegró haberos oído, ¿y Neptuno y Venus?

—No lo sabemos, Virgo —contesté—. ¿Crees que Escorpio se ha ido... para siempre?

—No lo sé, me parece muy fácil, ¿cómo es que nadie lo ha conseguido?

Algo apareció entre el humo, cada vez podíamos distinguir más aquella figura, como ya decíamos había sido muy fácil, por eso, delante de nosotros estaba aquel miserable, Escorpio.

—¿Es lo más que podéis hacer? —rio.

—¿Dónde están Venus y Neptuno?

—Son vuestros amigos, vosotros sabréis mejor que nadie dónde están.

—Como les hayas hecho algo... —me interrumpió a la mitad de la frase.

—¿Qué me harías? Si eres una chica que debería tener más poder, no sabes utilizarlo, no sabes todas las cosas que podría hacer yo con todo eso.

Puse cara de asombro, ¿eso quería decir que yo podría ganar a Escorpio? ¿Era yo más fuerte que él en toda regla?

—Ven conmigo, Luna.

—¿Qué dices?

—Ven conmigo y te llevaré con tu padre y con Leo, ellos están deseando verte, si vienes conmigo, podrás volver a ver a Venus y a tu amiguito Neptuno.

—¡Chantajista! Siempre has sido así, por eso nadie ha podido contigo, les ofrecías algo a cambio que seguro que no cumplirías, no sabes ni usar tu propia magia.

—No digas eso, niña.

—Eso es, eres un miserable y nos manejas a tu antojo con las personas que queremos, nunca sabrás usar tu propio poder, por eso quieres que vaya contigo, porque no puedes luchar contra nosotros.

—No me trates así, jovencita, soy más fuerte de lo que crees, si no tu padre estaría aquí, tu padre y todos los que han muerto a mis pies.

Eso me hizo enmudecer.

—¿Qué quieres exactamente de nosotros? —pregunté.

—Quiero tu poder, Luna, ven conmigo y te libraré de ese cargo y a cambio tus amigos volverán y tú podrás ver a tu padre y a Leo eternamente.

—Luna, ¡quiere matarte! —gritó Libra.

—Creo que ella ya lo sabe, enana, así que cierra esa bocaza.

Libra agachó la cabeza y dio un paso atrás.

—Venga, Luna, ¿qué me dices?

Guardé silencio.

—¿Quieres la eternidad junto a Leo o prefieres vivir con el peso de no volver a verle y saber que jamás te perdonará?

Mis lágrimas comenzaron a descender por mi rostro. Una tras otra y otra tras otra.

—Esto es increíble —susurró Tuno a Libra.

—Tenemos que hacer algo.

—Pero ¿el qué?

Caí al suelo desmayándome.

—¡LUNA!

No podía oírles.

—¡¡LUNA!!

—¿¡Qué has hecho, cabrón!?

—Yo no he hecho nada, solo está sumida en sus pensamientos, dejadla decidirse, ella no puede vivir con el cargo de estar sin su querido —rio burlonamente Escorpio.

Los pensamientos relacionados con Leo me rondaban la cabeza, dando vueltas, mareándome. Sus palabras me comían por dentro, no sabía qué hacer. ¿Él o mis amigos?

—¡Luna, despierta! No dejes que pueda contigo... sabes que Leo jamás se enfadaría contigo... te quería y tú lo sabes —gritó Tuno.

—¡Cállate! —gritó Escorpio lanzándole por los aires y haciendo que se golpease con el tronco de un árbol.

De pronto desperté de aquel trance y vi a mi mejor amigo tirado en el suelo, con un brazo roto, incluso podía apreciarse el hueso fuera de su sitio, incluso fuera de su cuerpo. Sin previo aviso me entraron unas arcadas que no podía controlar, era totalmente asqueroso, estaba rodeado de su sangre, Escorpio le había estampado, literalmente, ¡contra un árbol!

—¡NEPTUNO! —gritamos Libra y yo a la vez.

Libra temblaba y no podía sostenerse. Tuve que ayudarla a sentarse.

—¿Por qué haces esto? —pregunté.

—Porque quiero que vengas conmigo. Si lo haces, todo estos males acabarán y tus amigos volverán a estar felices y contentos.

—¿Cómo puedes disfrutar con las desgracias ajenas? Eres un ser odioso.

—Gracias por el cumplido, Luna —dijo con sarcasmo.

Lloré de nuevo.

—Voy contigo, Escorpio, pero haz que todos ellos estén bien, por favor.

—Perfecto.

Todo empezó a dar vueltas a mi alrededor, oía voces por todos lados, de mis amigos, padres, tíos y de gente que no conocía. Ante mí, de pronto, vi a Tuno, totalmente bien, sin ningún rasguño. Su brazo estaba perfectamente, al lado de él se encontraba Virgo agarrado de la mano de Venus, se les veía felices, por fin habían conseguido lo que querían, por ello, sonreí. A mi derecha se encontraba la pequeña Libra sonriente, nada malo había sucedido y de pronto, pude observar cómo Escorpio se alejaba de ellos arrastrándome con él. Todo, por fin, había acabado para siempre.

—Gracias —les escuché decir a mis compañeros.

Asentí y continué hacia delante, todo seguía dando vueltas y ante mis ojos estaba el lugar donde había estado este verano, todo rebosaba alegría y felicidad, nada malo había sucedido, cuando de pronto pregunté por lo que en realidad quería.

—¿Dónde está?

—Mira hacia el horizonte —me dijo Escorpio poniendo su gran brazo derecho sobre mi hombro izquierdo.

Miré y allí estaba con el sol tras él. "Parece más guapo de lo normal", pensé.

—Luna... —me dijo.

Corrí hacia el.

—Luna —continuó diciendo.

Yo corría y corría pero parecía que no avanzaba, sin embargo no me rendí.

—Luna, mi vida.

Corrí con todas mis fuerzas. Tropecé varias veces, pero no me detuve.

"AL FINAL EL AMOR..."

—Ya estoy contigo, Leo —sonreí.

Leo me devolvió la sonrisa. Cuando su rostro estaba cerca del mío pude oler su aroma, tan dulce como siempre. Sus labios estaban rozando los míos, pero no me atrevía a tocarlos ya que ardía. Sus brazos me rodearon y mis manos acariciaban su rostro.

—Te quiero, Leo.

—Y yo a ti, Luna —me besó.

Gotas de agua empezaron a dar vueltas alrededor de nosotros, agua dulce, pura, cristalina.

—¿Qué ha sido de Escorpio?

—Él me ha traído hasta ti.

Leo se separó de mí.

—¿Qué pasa, cielo? —pregunté.

Leo se puso pálido.

—No me asustes —tartamudeé.

Me giré y vi a Escorpio con una sonrisa malévola y con su mirada clavada en mí.

—¿Qué quieres, Escorpio? —dijo Leo—. Ya tienes lo que quieres, Luna te ha dado su poder.

—Lo sé, pero es que no puedo dejar que esto acabe así de bien.

Temblé.

—Lo siento, Luna, pero tengo que acabar contigo, eres demasiado fuerte y podrías recuperar tu poder y si eso ocurriese... me destruirías y no puedo dejarte hacer eso. Ya te he dado el deseo de poder ver a Leo y decirle que le quieres, lo siento pero ahora tengo que llevarte a tu fin, no puedes seguir viviendo.

—Pero Escorpio, yo no estoy viva ahora, estoy muerta, por eso estoy con Leo, no hagas eso, te he dado mi poder... eres un mentiroso.

—Lo siento, Luna, sé que ahora estás más muerta que viva, pero podrías vagar por el bosque de las almas y salvarte, pero no puedo hacer eso, tengo que destruirte de verdad.

Leo me agarró de la mano.

—No dejaré que eso ocurra.

—No puedo perderte por tercera vez, Leo.

—Eso no pasará, porque esta vez le destruiremos y así podrás estar conmigo siempre que quieras.

—Pase lo que pase siempre estaré contigo, Leo, gracias por todo lo que has hecho por mí.

—Gracias a ti por traer la paz al mundo y gracias también por traer el amor a mi corazón.

—Te quiero, Leo.

—Te quiero, pequeña.

Miramos a Escorpio y alrededor suyo pude ver que aparecían personas.

—¡Venus, Libra, Virgo! —grité de alegría.

—Aquí estamos para ayudarte —me dijo alguien agarrándome de la otra mano.

—Gracias, Tuno —sonreí.

Escorpio me miró con odio.

—¿Cómo puedes hacer esto? ¡No tienes poder! —desesperó.

—No tendré poder, pero tengo lo que tú nunca tendrás.

—Ella, Escorpio, lo que tiene es amor y amistad, tiene a gente que la quiere y que daría todo por ella, no como tú, que solo tienes súbditos que hacen lo que dices porque les manejas —dijo Venus vengativa.

El rey Escorpio empezó a desprender oscuridad, una oscuridad muy densa, pero nuestra luz, la de todos nosotros, podía con ella.

—¿No tienes más fuerza que ésa? —vacilamos.

—No puede ser... —susurraba “el Rey”.

Venus le hizo volar por lo aires y le estrelló contra el suelo gélido.

—Eso por hacer daño a la gente inocente.

Libra la siguió. Ésta lo que hizo fue darle puñetazos a distancia y él lo que recibía eran grandes impactos de agua helada en su cuerpo.

—Eso por mi padre.

Virgo rajó el suelo y haciendo que de él surgiesen raíces y que ésta agarrase a Escorpio con fuerza.

—Eso por utilizarnos.

Escorpio no hacía más que gritar de dolor y dolor.

Neptuno mezcló los ataques de Libra con los suyos haciendo que aquellos impactos de agua dieran descargas eléctricas a su esbelto cuerpo.

—Eso por el dolor causado a gente inocente.

Leo hizo que saliese lava de las rajas de suelo que Virgo había abierto.

—Eso va por mi dolor de no poder vivir mi vida junto a Luna.

Y finalmente yo me acerqué a él y cuando estaba cerca de él le fulminé con mi luz.

—He recuperado mi poder, cosa que tú no conseguirías, ya lo sabes, Escorpio, soy más fuerte que tú, yo y todos los demás.

—Te odiaré siempre, Luna Black.

—Y yo a ti también, Escorpio, pero tú jamás podrás recordarme ya que estarás muerto.

La oscuridad invadió todo haciendo que Escorpio gritase y gritase. Solo se le oía a él pedir ayuda, sinceramente, deseaba morirse para dejar de sufrir, así que puse fin a todo.

—Y eso va para hacerte ver que aunque hayas hecho que matase a mi novio, todo eso no importa porque al final... ¡el amor siempre vence!

Otra explosión nos hizo caer al suelo. Cuando fuimos conscientes estábamos en la playa, tumbados, con el agua del mar rozando nuestros cuerpos.

—¿Chicos? —dije al fin.

—Luna... —tartamudeó Tuno.

—Dime, amigo mío.

—Lo hemos conseguido.

Asentí.

—Y además tenemos algo más —dijo Venus con felicidad tras de mí.

—¿Qué tenemos, Venus? —preguntó Virgo.

—La flor de cristal.

Mis ojos se abrieron de par en par.

—Leo... —pensé y miré a mi alrededor sin ver señales suyas.

Entristecí, pero al menos recordé que le había dicho que le quería así que ahora ya podría vivir con ese peso quitado de encima.

—¿Cómo es posible? —preguntó Libra.

—No lo sé, pero creo que podemos hacer lo que nadie ha podido hacer nunca.

—Continúa, Venus.

—Podemos pedir un deseo con lágrimas de cristal.

—¿Qué?

—La flor debemos ponerla en el centro del lago de cristal, así todo volverá a tener su vida y tú, Luna, que has sido la que ha vencido a Escorpio, podrás pedir un deseo.

—Pero eso solo se puede hacer si sobrevive uno...

—O también cuando Escorpio muere al fin —terminó Tuno.

—¿Por qué no lo dijiste cuando nos contaste la historia? —pregunté enfadada.

—Hay cosas que solemos olvidar, quizás no lo conté porque veía imposible vencerle.

—Perdóname por gritarte, Neptuno —sonreí.

—Estás perdonada, amiga mía —me abrazó.

—Vayamos al lago —dijo Libra.

Nos pusimos en pie y fuimos al lago de cristal.

—Todos sabemos qué quiere pedir Luna, ¿verdad? —preguntó Venus.

—Sí, lo sabemos.

—¿Os importa si pido eso? —entristecí.

—Todos queremos que vuelva Leo —sonrieron.

—Gracias, pero... ¿Libra, no quieres que vuelva tu padre?

—Él seguro que está bien con el tuyo, tranquila, Luna.

Sonreí de nuevo.

—Pues entonces pediré eso, gracias, chicos.

—Gracias a ti, Luna.

Venus cogió el coche y nos adentramos en el bosque. Llegamos al lago y todos se quedaron en la orilla.

—Tienes que poner la flor en el medio, Luna.

Estaba temblando de nervios.

—Está bien —me adentré aguas adentro.

El agua era muy cristalina y no daba miedo meterse en ella.

—Los nervios pueden conmigo, espero no ahogarme —reí.

—Tranquila, Luna, si veo que tardas mucho en salir a la superficie iré a por ti —vaciló Venus riendo.

—¡Qué graciosa! —reí tragando agua.

Todos rieron.

—Hay una islita aquí en el medio.

—Ahí es donde tienes que poner la flor, Luna —dijo Libra.

—Bien.

Me subí a la islita y la planté en el suelo. De pronto toda esa islita se congeló haciendo que el agua del lago se congelase a su vez.

—¿Qué pasa?

En aquel hielo vi todo lo que pasé con Leo, pero solo pasaban ante mí los malos momentos y eso hizo que llorase, porque vi todo lo que había sufrido él, no yo.

—Mirad —dijo Tuno.

Una lágrima cayó por mi rostro poco a poco. La lágrima dejo huella en mi cara haciendo que un frío me recorriese el cuerpo.

—Lágrima de cristal... deseo que Leo... vuelva...

La lágrima tocó el hielo del lago y ante nosotros vimos cómo todo se derretía. Quizás por el elemento de Leo, el fuego.

—Por fin... —susurró Virgo.

Alguien me agarró y me levantó del suelo, yo estaba de rodillas y con las manos en el borde de la islilla.

—Esta vez me quedaré contigo y nadie podrá separarnos.

Me giré bruscamente separándome de Leo.

—¿Qué pasa, Luna?

—Leo... —lloré.

Mis lágrimas caían como cataratas y sin previo aviso me abalancé sobre Leo agarrándole con todas mis fuerzas.

—Jamás te dejaré ir de nuevo.

—Tranquila, Luna, ya sabes que al final...

—...el amor siempre vence —terminé la frase.

Me besó y a su vez Venus y Virgo se abrazaron con amor. Libra y Tuno sonrieron ante el espectáculo dándose ellos la mano amistosamente.

—Recuerda, Luna, que pase lo que pase, yo siempre estaré contigo —concluyó.

EPÍLOGO

Aquí concluye esta parte de mi historia, llena de magia, aventuras y amor. Quién sabe qué más me puede suceder, aquel verano había llegado a su fin, mi madre continuaba con sus viajes y yo seguía alojada con mis tíos. Mi vida en el instituto comenzó muy bien, mi novio y yo estábamos genial, más felices que nunca y mi relación con la rubia había mejorado bastante, incluso hasta el punto en el que llegamos a ser amigas íntimas.

Virgo y ella estaban saliendo, aunque había veces que no lo parecía. Sobre mi mejor amigo Neptuno, él se fue, ya que solo vino a ocuparse de Escorpio, pero nos prometió que vendría siempre en vacaciones a visitarnos, también nos escribió por correo diciendo que la relación con su novia había mejorado y le preguntamos si había dicho algo sobre su estancia aquí, pero Tuno solo comentó que vino a visitar este lugar ya que su abuela se lo "había recomendado", no dijo nada de su forma de vida tan poco peculiar con poderes, seres oscuros, etcétera.

La pequeña Libra seguía como siempre, dando paseos por el fondo del océano, saliendo con nosotros y disfrutando de la vida y, cómo no, recordando a su padre, tal y como hacía yo. No había noche en la que no pensara en él.

La noche del 25 de septiembre me senté en el patio de la casa de mis tíos a contemplar las estrellas y pude apreciar que éstas lucían más que nunca, creo que eso se debía a que esa noche era la primera que pasaría a solas junto a Leo.

—Te quiero muchísimo, princesa.

Me sonrojé y apoyé mi cabeza en su hombro.

—Creo que va siendo hora de que duermas, debes estar cansada de los primeros días de instituto.

Suspiré, le miré de reojo y asentí.

—Descansa, pequeña.

Me acarició el pelo y cerré los ojos. Aquella noche había concluido con su rostro grabado en mi cabeza, lo más bonito del mundo es saber que nunca estarás sola, pase lo que pase, siempre habrá alguien que te quiera y que sea capaz de dar su vida por ti.

ÍNDICE